연애, 오프 더 레코드

그 남자를 만나기 전에 알았다면 좋았을 것들

연애, 오프 더 레코드

박진진 지음

애플북스

연애,
누구나 꿈꾸는 판타지

모든 사람은 사랑을 꿈꾼다. 나 역시 사랑을 꿈꿔왔고 앞으로도 계속 그럴 것이다. 물론 그 사랑은 가족과의 사랑, 동료와의 사랑, 거기다 좀 거창하게 굴자면 전 인류애적인 사랑도 포함되겠지만 일단 이 책에서는 남녀 간의 사랑만 말하겠다.

사람마다 생각하는 연애 적령기가 다르겠지만 내 생각에는 제대로 된 연애는 그래도 성인이 되고 난 이후, 즉 자신의 행동에 스스로 책임질 수 있는 나이에 하는 것이 제대로가 아닌가 싶다. 물론 어리다고 해서 진정한 사랑을 할 수 없는 것은 아니지만 그때는 뭐랄까, 아직 조금 더 영글어야 하는 시기인 것이다. 해서 이 책에서는 순전히 어른의 사랑을 다루기로 한다.

이 책은 연애를 하되 '어떻게 하면 웃으면서 행복하게 할 수 있을까?'에서 출발했다. 이 책에 나오는 개인적 경험과 주변인이 겪은 이야기들이 세상 모든 남녀 관계를 대변한다고는 말하지 않겠다. 세상에는 수많은 사람들이 존재하고, 또 그만큼의 많은 연애 이야기가 존재하기 때문이다.

그렇지만 연애 이야기를 하면서 남자와 여자의 특성에 대해 말하지 않기란 거의 불가능하다. 사람마다 다르기는 해도 포괄적으로 묶을 만한 성별에 따른 특성은 분명히 존재한다. 그래서 이 책에서 '남자는 이렇고 저렇고' 하는 말들이 '세상 남자들이 내가 언급한 경우에 모두 포함되는 것은 아니다'라는 설명을 굳이 달지 않더라도, 독자 여러분은 일부분이려니, 혹은 이런 사람들도 있으려니 정도로 받아들여주시면 좋겠다.

그리고 연애에 있어 빠질 수 없는 섹스 이야기를 조심스럽게 덧붙일까 한다. 남녀가 연애하면 섹스로 자연스럽게 연결되는 게 요즘의 연애 모습이다. 하지만 우리는 이 이야기를 언제나 구석진 곳에서만 해왔다. 최근에는 방송 등 여러 매체를 통해 비교적 오픈된 공간에서도 다루기는 하지만 '재미'가 지나치게 강조되어 그다지 만족스럽지는 않은 것 같다. '재미' 혹은 '성교육' 식으로 흘러가지 않더라도 섹스를 이야기할 수 있으면 좋겠다고 생각에서 이 책에는 꽤 많은 섹스에 대한 이야기를 담았다. 만약 섹스 테크닉 같은 것을 알려줄 거라고 기대했다면 실망할지도 모르겠다. 하지만 최대한 성교육스럽지 않게, 그렇다고 너무 가볍게 재미로 키득거리지 않는 범위 안에서 섹스를 말해 보려 한다.

책을 읽고 연애의 달인이 된다든가 한순간에 초절정 인기녀 인기남이 되지는 않을 것이다. 그저 이 책을 친한 옆집 언니 혹은 누나가 조언을 해주는 정도로만 생각해주면 좋겠다. 부디 이 책을 읽고 아주 작은 부분이라도 '맞아 맞아' 하고 고개를 끄덕일 수 있다면, 혹은 '이건 내 생각하고는 전혀 다르지만 그래도 그럴 수 있다고 봐'라며 타인의 취향을 인정할 수 있게 된다면 이 책의 목적을 충분히 달성했다고 본다.

마지막으로 바라기는, 이 책을 재미있게 읽고 모든 사람이 행복한 연애를 했으면 좋겠다. 연애의 정답은 그 어디에도 없다. 만약 있다면 우리가 잘 풀리지 않는 연애 문제로 그 숱한 밤을 지새우진 않았을 것이다. 다만 그 정답을 찾는 길이 너무 멀거나 힘들지 않기만을 바랄 뿐이다.

박진진

contents

CHAPTER 6 연애, 사랑에 필요한 몇 가지 노력

CHAPTER 1

연애,
그 참을 수 없는
무거움

연애, 미장원집 언니가
제 머리 못 볶는 거랑 똑같다

내 직업 중 하나는 연애상담이다. 뭐 그렇다고 해서 연애상
담소를 운영하는 건 아니고, 패션잡지나 방송을 통해 연애 어
드바이스를 한다. 독자들이 엽서나 이메일로 연애에 대하여 질
문하면 상담해주는 것인데, 어쩌다 몇 건의 칼럼을 쓰고 인터
뷰를 하고 그로 인해 사람들을 소개받다 보니 연애상담까지 하
게 됐다. 마치 연애전문가인 양, 그리고 심하게 놀아봤고 또 지
금도 노는 것처럼 포장하고 있지만 사실 그렇지도 않다. 정작
본인의 연애는 성공보다 실패가 많았으며 놀아봤다는 것도 기
준이 모호해서 딱히 '그렇다'라고 말하기도 어렵고, 오히려 지
인들 중에는 간혹 나를 순진하다는 쪽으로 혹은 뭘 잘 모르는

숙맥으로 분류를 하기도 한다.

아무튼 나는 연애상담을 한다. 아무래도 젊은 층이 보는 잡지니까 좀 트렌디하고 '핫'하게(그놈의 핫!) 쓰고자 나름 캐릭터를 잡아 촌철살인의 한마디를 던진다. 하지만 결국 연애상담을 해오는 사람들에게 잘해보라는 충고보다는 헤어지거나 마음을 접기를 권한다. 왜냐하면 주변인이 아닌 잡지에까지 처지를 하소연할 정도면 이미 그 연애는 상당히 고달픈 연애, 끝이 보이는 연애이기 때문이다. 이미 당사자는 아니라는 걸 알고 있지만 한 가닥 희망이라도 건지고 싶어서, 아니면 누군가가 제발 집어치우라고 단호하게 말해주길 바라는 마음에서 상담을 하는 것뿐이다.

그 수많은 질문 중에 가장 흔한 질문은 "그(혹은 그녀)가 나에게 관심이 있는지 없는지 모르겠어요"이다. 왜 전화를 안 하는지, 왜 만나자는 말을 안 하는지, 말은 잘 통하는데 어째서 그 이상의 진도는 안 나가는지 등. 그들 대부분은 상대방이 자신에 대해 어느 정도는 좋은 감정을 갖고 있다는 전제하에 질문을 한다. 그들은 나에게 상대방 입장에서 핑계를 듣고 싶은 것이다. 예를 들면 "그(혹은 그녀)는 너무 바빠서 연락을 못하는 거랍니다" 혹은 "신중한 성격이라 천천히 단계를 밟고 싶은 거라고요" 따위의 말을 기대한다. 하지만 나는 그렇게 말해주지 않는다. 왜냐하면 사실이 아니니까. 그리고 그들도 나도 아는 사실 한 가지!

"관심이 있다면 못할 짓이 없다!"

관심이 있고 마음에 들었다면 정말 바빠서 화장실에서 일 보고 뭐 처다볼 시간조차 없다 해도 어떻게든 짬을 내서 상대에게 전화하게 되어 있고, 자존심이 아무리 강해도 마음에 든다면 먼저 만나자고 이야기한다. 매우 신중한 성격이라서 정말 좋아하지만 친구 같은 관계를 유지하려는 인간은 거의 없다.

특히 여자들은 남자들이 전화하지 않는 이유에 대해 남자들은 원래 전화를 잘 안 하는 족속들이며 전화하는 걸 툭하면 까먹는 인간들이라고 생각하는데 전혀 그렇지 않다. 일에 미쳐 있든, 집안에 우환이 있든 간에 관심만 있다면 남자들도 전화를 한다. 만약 당신이 상대방이 부탁하지도 않았는데 스스로 위로의 변명을 해주고 있다면 그 관계는 이미 물 건너간 사이다. '바쁘겠지, 집에 일이 있을 거야, 잊어버렸을 거야, 사고가 났을 거야' 같은 일은 절대 없다.

또 다른 질문, "헤어졌지만 다시 연락을 해도 될까요?"

물론 나는 절대 하지 말라고 말한다. 사랑이 끝난 것도 슬퍼 죽겠는데 거기다 자존심까지 버리라고? 그렇지만 나도 안다. 그게 얼마나 힘든 일인지를. 우선 나부터도 그게 안 된다. 아직도 좋은데 어쩔 수 없이 헤어졌을 때, 나 역시 그들처럼 연락해도 될지 말지로 주변인들을 괴롭혔다.

하지만 절대 연락하지 말아야 한다. 너무 참기가 힘들 때는 친구에게 SOS를 치는 것이 좋다. 그에게 전화하고 싶을 때마다 대신 친구에게 전화하는 것이다. 미리 양해만 구해둔다면야 그런 부탁쯤은 얼마든지 들어줄 것이다. 단, 밤이고 새벽이고 가리지 않고 할지도 모른다는 말을 미리 해두어야 한다.

왜 헤어지면 그렇게도 전화가 하고 싶은 걸까. 휴대폰을 부수고, 전화번호를 바꾸고 별짓을 다해도 결국은 전화를 한다. 그렇게라도 하지 않으면 미쳐버릴 것 같은 그 기분, 그럴 땐 꼭 이렇게까지 연애해야 하나 싶은 생각도 든다.

아무튼 나는 연애상담을 시작하고 어느새 주변사람들에게 마담뚜가 되어 있었다. 그런데 사람들이 연애상담을 연결 상담으로 잘못 이해하고 있는지, 그때부터 끊임없이 '소개팅'에 시달렸다. 어째서 내 주변에 괜찮은 싱글 남녀가 들끓을 거라고 생각하는지 알 수 없지만(엽서를 보낸 독자들과 개인적인 친분을 쌓는 것도 아닌데 말이다. 난 그들의 얼굴은 물론 이름도 모른다) 아무튼 내 주변의 '그'와 '그녀'들을 연결하는 일을, 어느 날 정신을 차려보니 당연하다는 듯이 하고 있었다. 그런데 일이 되려고 그랬는지 연결해준 이들의 성공률이 상당히 높다. 연애에 관한 한 오지랖 넓기가 환태평양 부럽지 않은 나는 '일회성'이 아닌 '될 때까지 애프터 서비스' 정신을 발휘해서 몇 년째 정기적으로 소개팅을 주선하는 일까지 저지르고 있었다. 골치 아프게도 소문은 날개를 달아 '좋은 사람 있으면 소개시켜줘'라는 부탁이 물밀듯이 쏟아져 들어왔다.

그런데 참 웃기는 일은 정작 나 자신은 싱글이라는 사실이다. 그들은 모두 괜찮은, 아니 어쩌면 썩 괜찮은 사람들인지 모르지만 내가 아는 '그들' 중에 나의 '그'는 없다. 연애 상담을 하면서 정작 본인의 연애는 개판 5분 전이고, 소개팅 주선 때문에 주말에 쉴 틈조차 없으면서 정작 나는 데이트할 상대가 없다니 참 실소를 금치 못할 일이다. 어쩌면 내가 해주는 연애상담대로만 했더라면 주말에 미팅을 주선하는 대신 내가 미팅을 하고 있을 것이다. 이래서 사람들은 그러나 보다. 미장원집 언니는 제 머리를 못 볶는다고 말이다.

보통 연애상담을 잘해주는 언니 동생들을 보면 겉으로는 쿨해 보이나 현실은 그렇지 않다. 그들은 오히려 지나치게 정에 의존하고 사소한 일에 목숨을 건다. 정 같은 건 무 자르듯 하고, 세상에 할 일이 얼마나 많은데 연애나부랭이에 온 정신을 빼앗기고 있냐는 호통을 치지만 그건 누군가가 만들어놓은 허상일 뿐, 그들 대부분은 연애가 시작되면 쿨은커녕 뜨뜻미지근하지

조차 못하다. 오히려 상대방에게 마치 한글 읽히듯 쉽게 정체를 간파당하고 고난과 핍박의 가시밭길을 가는 것 같은 연애를 하는 경우가 많다.

연애는 이상, 결혼은 조건이라고? 아니다. 연애도 조건이다. 그들은 소개받기 전 하나같이 내게 이런 말들을 했었다. 다른 건 다 용서해도 키 작은 건 용서 못한다고 말하는 여자, 다른 건 몰라도 피부 하나는 좋아야 한다고 말하는 남자, 연봉이 대충이라도 얼마쯤 되냐고 묻는 여자, 집의 어른들은 뭘 하시냐고 묻는 남자.

만약 내 연애 매칭 성공률의 비결을 묻는다면, 그들이 말하는 조건을 무시하지 않았기 때문이라고 확신한다. 내가 대나무를 꽂은 것도, 점쟁이 팬티를 입은 것도 아닌데 그들이 사랑하게 되리란 것을, 아니 적어도 데이트를 몇 번 더 하게 될 거란 걸 어떻게 알겠는가.

하지만 모든 법칙에는 예외가 있다. 세상 어딘가에서 자기 머리를 파르라니 잘 깎아내는 중이 있을 수도 있고, 집에서 기똥차게 자기 머리를 '로트'로 잘 마는 미장원 언니도 있을 수 있다. 정말 사랑하고 싶고, 미치게 연애하고 싶다면 꿈부터 꿔야 한다. 단, 무조건 돈 많고 잘생기고 착하고 자상한 데다 머리마저 좋은 남자를 바라거나, 집안 좋고 학벌 좋고 외모는 단지 출

전만 하지 않았을 뿐인 미스코리아에 현모양처가 장래희망인 여자를 꿈꿔서는 안 된다. 세상에 그런 사람은 그리 많지 않을 뿐더러 설사 있다 하더라도 그들이 우리를 만나주기나 할까?

입장 바꿔서 생각하면 답이 나온다. 어떤 부분만큼은 반드시 취하겠다면 어떤 부분은 양보와 포기도 할 줄 알아야 한다. 그리고 따뜻한 마음으로 연애하겠다는 생각을, 비록 입 밖으로 내지는 않더라도 분명 해야 한다. 연애는 조건에 앞서 일단 사람의 마음이 하는 일이기 때문이다.

눈에 콩깍지가
벗겨졌을 때

내 눈에 이 세상의 모든 남자는 약간씩 다 이상해 보인다. 왜
냐하면 난 남자가 아니니까. 남자인 그들의 눈에도 여자들이
약간씩 이상해 보이듯이 남자를 바라보는 여자의 눈에 남자들
은 약간씩 다 이상해 보인다.

세상에 완벽하게 괜찮은 남자는 없다. 다만, 남자의 이상한
면들을 용서하거나 애써 못 본 척할 뿐이다. 그러다가 그 남자
가 좋아지기 시작하면? 더 이상 이상한 면은 눈에 보이지 않는
다. 왜냐하면 여자 스스로 변명을 해주기 때문이다. '그래 이런
면도 있지만 대신 그는 ~하잖아' '조금 그렇긴 하지만 뭐 대수
롭지 않은 일이야' 하면서 말이다. 처음에는 친구들에게 새로

만난 남자를 소개시켜주면 이상한 면을 비판받지 않을까 걱정하지만 그런 걱정은 점점 사라진다. 이미 내 눈에는 너무나 사랑스러운 당신으로 변해 있기 때문이다.

일단 여자의 눈에 콩깍지가 쓰이면 그의 작은 키도, 다소 못생긴 얼굴도, 시원찮은 직장(그나마도 언제 잘릴지 늘 불안한)도 전부 용서가 된다. 장점만 보이고 단점은 점점 작아져 모래사장 위에 떨어진 한 톨의 쌀알처럼 느껴지는 것이다.

그때는 주위에서 아무리 뭐라고 해도 소용없다. 내 눈에 보이지 않으면 그뿐이다. 친구들과 함께 이야기할 때는 '그래 그런 면은 그가 좀 고쳐야 해' 하고 인정하다가도 그 순간만 지나고 나면 아무렇지도 않다. 그래서 우리는 연애를, 사랑을 하게 된다. 다소 완벽하지 않은 남자와 여자임에도 말이다.

하지만 그것도 잠시, 사랑이 '식었다' 혹은 '변했다'라고 느껴지는 건 묻혔던 단점들이 다시 재림해 부활하면서부터이다. 그 단점은 예전에도 알았지만 모른 척했던 것들에서 전혀 새로운 것들까지 가짓수가 점차 많아진다. 갑자기 그와 함께 간 곳들이 초라하게 느껴지고, 사람들의 시선은 어느새 '남자가 돈이 많은가봐'로 해석되기 시작한다. 그때쯤 되면 자신이 너무 아까워 미칠 지경이 되고 이 남자는 나나 되니까, 내가 이해심이 많으니까 나랑 사귀는 영광을 누릴 수 있다면서 형편없는 작자로 만들어버린다. 그리고 생각한다. 마음만 먹으면 난 이 사람보다 훨씬 더 괜찮은 누군가를 만날 수 있을 텐데 하고.

한때 키가 굉장히 작은 남자를 사귀었다. 아무리 좋게 봐줘도 대한민국 표준인 170센티미터가 채 되지 않았던 남자였다. 사실 처음 만날 때는 키가 작아도 너무 작다고 생각했었다. 하지만 어느새 나는 하이힐을 신지 않았고, 늘 추구하던 '키 크고 늘씬해 보이는' 콘셉트를 버리고 어떻게 하면 작고 아담해 보일까 고민했다. 작고 아담이라니……

남자의 장신구가 되거나 남자에 의해 내 스타일이 바뀌는 것을 무엇보다 싫어하던 내가 그런 걸 추구하게 될 줄은 꿈에도 몰랐다. 그건 다른 사람들 눈에 내 남자의 키가 커보이게 하려는 욕심은 아니었다. 다만 그가 키가 작음을 느끼게 하고 싶지 않았다. 내 하이힐에 그의 자존심이 밟히지 않길, 내 키에 그의 콤플렉스가 진물처럼 묻어나오지 않길 말이다.

그는 겉으로는 자신의 키를 아무렇지 않아 했지만 나는 알았다. 아무리 좋게 봐도 170센티미터가 되지 않는 남자가 키에 콤플렉스를 가지지 않고 살기란 적어도 대한민국 땅에서는 불가능하다는 사실을 말이다. 나는 누군가가 그의 키에 대해 지적하면 길길이 날뛰며 이런 말을 했다.

"내 남자친구 원래 키보다는 훨씬 커 보여. 작고 마르면 모르겠는데 어깨가 떡 벌어지고 생긴 것도 전혀 작아 보이지 않잖아? 안 그래?"

심지어 다리 짧음을 무척이나 죄악시하는 이 사회에서 그의 앉은키는 누구 못지않게 크다고, 앉아 있으면 180센티미터는 되어 보인다는 주장까지 했다. 하지만 그의 키는 작았다. 알고 있지만 인정하고 싶지 않을 뿐이었다. 그리고 어느 날부터인가 더 이상 그의 키가 보이지 않았다. 대신 부드러운 미소가, 좋은 머릿결이, 넓은 어깨가 보일 뿐이었다. 드디어 제대로 콩깍지가 쓰인 것이다.

하지만 사랑이 식는 건 한순간이다. 실제로는 서서히 조금씩 식어 가는지 모르겠지만, 적어도 당사자에게는 한순간이다. 더 이상 떨림이 없는 손, 다시 하이힐을 신기 시작한 나. 어느 날은 식어가는 사랑이 너무 서글프게 느껴져 그의 팔을 가만히 베고 누워 소리 없이 울기도 했었다. 전에는 보였지만 굳이 인정하지 않았던 단점, 그리고 새로 보이기 시작한 단점들 앞에서 어떻게 해야 할지 몰랐다. 중요한 건 그 사람의 단점이 아니라 그걸 보는 내 눈이란 것을 알았지만 사랑이 식어버린 눈으로는 더 이상 애정이 어린 시선으로 봐줄 온기조차 남아 있지 않았다.

사소하지만 이런 것 아닐까? 스키니진이 막 유행할 무렵, 절대로 그렇게 꼴사나운 청바지 따위는 입을 수 없다고 생각했다. 입고 난 뒤 바느질한 것처럼 보이는 터질 듯 꽉 조이는 스키니진을 온 세상의 여자들이 다 입어도 나는 부츠컷의 청바지만 입겠노라고 고집했다. 그런데 최근에 나 역시 스키니진을 구입하고야 말았다. "리바이스는 적어도 '핏'이 우스꽝스럽진 않잖아?"라는 핑계를 대면서 말이다. 이렇듯 못 믿을 것이 사람의 눈, 사람의 마음이다.

사랑하지 말아야 할 사람을 사랑한 적은 없다. 좋아하니까 그 사람이 내게는 더없이 사랑스러우니까 사랑한 것이다. 사람을 좋아하면 그 어떤 것도 눈에 보이지 않는다. 심지어 백수를 사귀면서도 언젠가는 그가 알아주는 회사에 취직될 거라고, 면접 시간이 십 분만 더 주어졌어도 그가 자신의 매력과 능력을 마음껏 알려 어엿한 직장인이 됐을 거라고 안타까워한다. 그리고 돈이 없는 걸 뻔히 아는데도 친구들 앞에서 술값을 계산하는 그가 너무 고맙기만 하다.

그러나 사랑이 식을 때쯤엔 이렇게 말한다. 돈도 못 벌면서 그렇게 카드만 자꾸 긁어대면 신용불량자밖에 더 되겠냐고, 나가서 제발 아무 일이라도 하라고. 사랑할 때는 이 회사는 이래서 싫고 저래서 싫다고 하다가 사랑이 식을 때쯤엔 그렇게 방바닥을 긁으며 노느니 막말로 어디 가서 막노동이라도 해야 하는 거 아니냐고 소리친다.

사랑하는 동안에는 포기한다는 사실조차 느끼지 못했던 것들이 어느 날 아깝게 느껴지는 건 순식간이다. 사랑 때문에 못한 것들, 심지어는 내 사랑에서 충족되지 못한 부분들까지 못마땅해진다. 사랑을 하고 있으면서도, 모든 걸 다 걸고 제대로 된 사랑 한 번 해봤으면 좋겠다는 생각부터, 어디선가 그런 사랑이 나타날 것만 같은 느낌까지 별의별 생각이 다 든다.

사랑은 변한다. 그리고 모든 사람에게는 단점이 있다. 우린 그저 잠깐 그걸 눈감아줄 뿐이다. 이렇게나 얄팍하고 미덥지 못하고 신념도 잘 뒤바뀌는 인간들이 대체 사랑이란 걸 왜 할까? 그건 사랑이 식는 과정의 슬픔보다 콩깍지가 쓰인 사랑의 순간이 너무 행복해서일 것이다.

너 어느 별에서
왔니?

남녀의 연애에 대해서 모조리 알게 해주겠다는 책은 참으로 많다. 제일 유명한 《화성에서 온 남자 금성에서 온 여자》를 제쳐두고라도 처세술과 심리학 서적의 중간쯤에 끼여서 우리에게 소심하게 손짓하는 책들, 이 책 한 권이면 남자 혹은 여자를 잘 알게 될 거라고, 끝장나는 매력남 매력녀로 변신해서 세상의 이성을 다 후리게 될 거라고 손짓하는 책들 말이다. 그런데 정말 그럴까? 정말 그런 책들이 이성에 대해 제대로 알게 해줄까?

한 살, 또 한 살 나이를 먹을수록 어른들 말에 고개를 끄덕이는 일이 잦아진다. 그건 아마도 우리가 특이함보다는 보편성을 좇아 살며 좋은 게 좋은 거라는 이론을 싫지만 인정하면서부터일 것이다. 고개를 끄덕이는 횟수가 늘어날 때마다 삶은 재미와는 거리가 멀다고 생각하지만 그만큼 또 수월해지고 편해지는 걸 부정할 수 없다. 시키는 대로 하면 되고 공식대로 가면 그래도 중간치는 가기 때문에 홀로 튀고 날다가 중간도 못 되는 것보다는 얼추 중간에 맞춰 삶을 사는 게 더 낫다고 자위한다.

그래서 인생을 돈이라고 했을 때 그걸로 주식을 사거나 펀드에 가입할 만한 용기가 더는 없는 삶, 작지만 확실한 행복, 그래서 얼마 안 되지만 확실한 이자와 원금 회수가 보장되는 은행에 삶을 넣어두는 법이다.

거창하게 인생까지 갈 것 없이, 연애만 보더라도 보편적인 공식은 별일 없는 한 어지간하면 빛을 발한다. 남자는 여자가 예쁘고 젊을수록 좋아한다거나, 여자는 모든 조건이 꽝이어도 돈 많고 명이 짧으면 혹한다거나 하는 것들. 이런 것들은 부정하고 싶지만 어느 정도는 현실에서 사실이다. 이렇게 확실한 공식이 있음에도 우리가 연애에 실패하고 사랑에 우는 것은 아마도 하란 대로 하지 않아서일 것이다. 우리가 하란 대로 안 해서 말아먹은 게 어디 연애뿐이겠는가. 하란 대로 했으면 다들 공부 잘해 좋은 학벌에, 취직 잘 해서 물질적으로나 정신적으로나 여유를 누리며 살 것이다.

오래전 영국에서 길게 유학하던 남자를 만난 적이 있었다. 그는 자기 스스로를 무척 글로벌하고 코스모폴리탄적인 인간이라 믿었다. 된장녀에 의해 브런치가 유행하기 훨씬 이전부터 홀로 브런치를 즐겼으며 돔 페리뇽Dom Perignon과 예거마이스터 Jagermeister와 잭콕을 소주나 막걸리보다 사랑하는 남자였다. 그런 라이프스타일을 가진 만큼 자신은 평범한 대한민국 남자들과는 생각하는 것 자체가 다르다고 했다. 나 역시 이 남자만큼은 어디가 달라도 다르지 않을까라는 생각에 은근히 기대를 했다. 그래서 아주 큰맘 먹고 절대 여자 쪽에서 먼저 대시하지 말라는 공식을 깨가며 그 남자에게 대시했다. 남자는 아직은 여자를 만날 마음의 여유가 있네, 없네 하더니만 결국은 사귀는 것에 동의했다.

하지만 늘 자긴 다르다고 우기던 이 남자는 절대로 그리고 조금도 이 땅의 보편적인 남자들과 다르지 않았다. 대부분의 남자가 적어도 고백은 남자가 해야 한다는 생각을 '기본'으로 한다는 것을 그때 나는 왜 알지 못했을까? 누가 고백하면 어때, 사귀면 그걸로 땡이지 따위로 생각한 나는 연애하는 내내 뒤통수를 맞아야 했다. 그는 조금이라도 불만을 이야기하면 "네가 사귀자고 했잖아!"를 외쳤다. 나중에는 정말 더럽고 치사해서 못 봐주겠다는 생각이 들 만큼 오래오래 그걸 우려먹었다.

어디 그뿐이었겠는가. 그는 지금의 내 행동은 물론이고, 내게 바라는 행동들까지 보통 남자들이 생각하는 것과 전혀 다를 바가 없었다. (여자가) 너무 자주 전화하지 말 것, (여자가) 섹스를 밝히거나 요구하지 말 것, (여자는) 좋아도 싫은 척 튕기며 도도하게 굴 것 등. 다른 남자들과 다르다고 생각해 모든 공식들을 뒤엎고 사귄 그는 그 어떤 남자들과도 다를 바가 없었다. 하긴 외국물을 좀 오래 먹었다고 해서, 또 본인이 빡빡 우긴다고 해서 다른 남자들과 다르리라 생각한 내가 바보였다.

그를 만나는 동안 보편적인 공식이 얼마나 중요한지만 실컷 배우고 그 연애는 끝이 났다. 생각해보면 그전에도 마찬가지의 공식대로 연애를 했다. 남자들은 모두 그 공식이 얼마나 중요한지를 몸소 가르쳐주기로 작정이나 한 것처럼 공식에 충실했다. 아무리 자긴 다르다고 우기고 어찌 보면 약간은 다르더라도 결국은 다 똑같다. 어쩌면 내가 너무도 뻔한 인간에 뻔한 여자여서 그런지 모르겠지만 아무튼 뻔하기는 그들이나 나나 오십보 백보였다. 뻔하지 않은 연애를, 정말 특별한 사랑을 해보겠다는 야무진 꿈은 어느 날 아무것도 아니었다는 듯이 구겨졌다.

특별하지 않은 사람이 특별한 사랑을 바란다면 그건 도둑심보일까? 늘 소재만 다양할 뿐 언제나 결론은 하나인 이 연애질의 패턴은 주인공이 나라서 이런 걸까? 아니면 남이 해도 마찬가지일까? 중은 제 머리를 못 깎는다는 말을 들먹여가면서 남들에게 조언할 때에는 족집게스럽다 못해 마지막으로 작두 탈 일만 남은 것 같다가도 막상 자기 일이 되면 정말 모르는 건지, 어쩌면 공식대로 따라주긴 싫은 건지, 아니면 나는 좀 다르다고 생각하는 건지, 아무튼 그것 때문에 뻔히 보이는 왕복 8차선 도로를 놔두고 가시밭길을 택해왔다. 남자가 꿈꾸는 여자, 그리고 여자가 꿈꾸는 남자는 우리가 익히 아는 그 뻔함에서 한 치도 다르지 않다.

사랑이 끝날 때마다 다음번에는 꼭 공식대로 해서 절대 슬프지도 아프지도 않겠다고 맹세하지만 늘 그때뿐이다. 사랑이 시작되면 마치 리셋 버튼이라도 누른 것처럼 다 까먹고는 내 약점들에 빨간 동그라미를 그려준다. '자 여길 찌르시면 되거든요'라며 화살을 쥐어주는 격이다. 아무리 오래 게임을 하더라도 영원히 써먹을 수 있는 아이템 따위는 결코 챙기지 못하면서 말이다. 아파야만 진정한 사랑이라는 개풀 뜯어먹는 소리는 하고 싶지 않다. 매번 아프고 힘든 연애는 질색이고 그것만 피할 수 있다면 좋겠다고 생각하지만 막상 닥치면 뻔한 공식을 대입해서 그런 상황을 타파할 생각은 하지 않게 된다. 아직은 자존심이 살아 있다는 증거일까? 아니면 이 똥고집 때문에 언젠가는 크게 한 번 인생 망해먹을 거란 경고일까?

결혼이라도 해버리면 이런 모든 자잘한 연애 고민에서 벗어날까 싶지만 결혼한 이들을 보면 결혼은 결혼대로 또 다른 전쟁이며, 제2 라운드가 펼쳐지는 것뿐이라고 한다. 하긴, 결혼도 남녀가 하는데 왜 안 그렇겠는가. 연애와 관련된 수많은 책을 독파하면서도 연애를 잘하지 못하는 건 단지 이론과 실제가 다르기 때문이 아니다. 남자와 여자가 각기 다른 행성에서 왔다는 사실을 도저히 인정하고 싶지 않은 것이다.

남녀의 다름을, 그리고 그 다름이 결코 좌우가 다른 방향일 수는 있겠지만 위아래의 개념이 아니라는 것을 남녀 모두가 인정할 때 비로소 행복한 연애를 할 수 있을 것이다.

사랑할 때 버려야 할
아까운 것들

사랑과 사랑 이외의 것들, 이를테면 일이랄지 돈이랄지 뭐 그런 것들과 사랑 중에 하나를 선택해야 할 처지에 놓인다면 사람들은 무엇을 선택할까?

대부분의 사람은 거의 다 사랑을 포기한다. 왜냐하면 사랑은 없어도 살아가는 데 아무런 지장이 없기 때문이다. 사랑을 위해서 모든 걸 다 던지고 포기하는 경우는 극소수이고 그것마저 영화나 소설 속에나 있는 이야기다. 그렇게 하기엔 인간은 너무 현실적인 동물이다.

한번은 아는 후배의 결혼식에 갔는데, 결혼식이 끝나고 밥을 먹는 자리에서 몇몇 사람이 그녀에 대해 속삭이는 말은 한결같

왔다.

"그 남자가 아니네?"

그녀에게는 결혼을 약속한 오랜 연인이 있었다. 만약 결혼을 한다면 당연히 그 남자와 할 거라 생각했다. 그런데 옆에 있는 남자는 우리가 알던 그가 아니었다. 우리와는 일면식도 없는 그 남자가 금테 안경을 쓰고 조금 나온 배를 애써 감추며 그녀 옆에 서 있는 모습은 너무 어색해 보였다. 그때 뭐 하는 남자냐는 누군가의 질문에 고속도로 휴게소를 두어 개 갖고 있는 남자라고, 그래서 집안에 늘 현금이 넘친다고 지인 한 명이 대답했다.

놀라운 사실은 그가 초혼이 아니라는 것이었다. 전 부인과 아이가 하나 있는데 지금 미국에서 유학 중이란다. 결혼식에서 그녀는 행복해 보이지도, 불행해 보이지도 않았다. 그저 해야 할 일을 할 뿐이라는 표정이었다. 흔히 결혼식 날 신부에게 보이기 마련인 약간의 불안과 설렘, 그리고 감추려고 해도 설핏설핏 보이는 행복 같은 건 없었다. 열의 아홉은 울음을 터뜨린다는, 부모님께 인사드리는 순간에도 그녀는 그저 마네킹처럼 보였다.

누군가 농담처럼 말했다.

"신부도 결혼을 두 번 하는 것 같군."

그녀는 그렇게 담담하게 자신의 생애 첫 결혼을 치러내고 유럽에서의 긴 신혼여행 중에 나에게 짧은 엽서를 보냈다.

"선배는 나 이해하지? 선배가 그랬잖아. 사랑은 환상이고 결혼은 현실이라고."

내가 그랬던가? 아마 그랬을 것이다. 진짜로 사랑은 환상이고 결혼은 현실이니까. 하지만 어떤 게 더 우위라고, 환상은 현실보다 못한 것이니까 현실을 위해서라면 당연히 희생시켜야 한다고는 말하지 않았다.

사랑에 목숨 거는 사람들은 유치해 보인다. 뭘 모르는 것 같고 아직 고생을 덜 해봤구나 싶기도 하고, 아무튼 그들은 좀 아둔한 족속들 같다. 더구나 쿨함이 무슨 전 국민이 지향해야 할 정서인 양 사람의 정신세계를 온통 지배하는데, 요즘 세상에 똑 부러지게 사랑을 정리하고 헤어지는 게 쿨하지, 사랑에 목매는 건 절대 쿨하지 않다.

배에서 꼬르륵 소리가 나는 상황에 사랑 타령할 인간이 있을까? 사랑도 배가 불러야 한다. 늘 어떠한 상황에서도 사는 게 우선이다.

스무 살 때 난생처음 가출한 친구가 있는데 그 친구에겐 많이 좋아하는 남자가 있었다. 그 남자를 계속 좋아하려면 가출 이외에는 방법이 없었다. 텔레비전에서 공식처럼 나오듯이 그 남자는 가난했고, 별 볼일 없었고, 거기다 신학생이었다. 그녀는 남자의 아이까지 가졌다. 하지만 낳을 수는 없었다. 스스로 수술대 위에 오르는 짓은 하지 않았지만 몸을 돌보지 않아 유산되었으니 마찬가지인 셈이다. 유산되지 않았다면 그녀는 산부인과에서 꽃무늬 월남치마로 갈아입고 어금니를 깨물었을지도 모른다. 사랑 하나로 모든 걸 이겨낼 용기는 그때도 지금처럼 없었을 테니까 말이다.

이런 이야기의 결말이 대개 그렇듯 그녀는 엄마의 손에 끌려 집으로 돌아왔고, 집에는 매질-설득과 강요-감금의 순서가 그녀를 기다리고 있었다. 그나마 머리를 깎이지 않은 건 그녀의 부모님이 그렇게까지 모질지는 못했기 때문이리라. 그 일이 있은 후 그녀의 어머니는 빨리 어떻게 하지 않으면 딸의 인생이 끝날 거라 생각했는지 그 나이에는 어울리지도 않는 선 자리를 알아왔다.

"그 남자 통장에 10억이 있다더라." 이 한 문장이 그녀의 엄마가 그 남자에 대해 말한 전부였다. 하나 덧붙이자면 통장에 현금이 10억이 있을 경우 땅이나 건물 같은 부동 자산은 10억, 주식 등 기타 자산도 한 10억쯤 된다나? 그때 그녀가 곱게 엄마의 말을 듣고 선 자리에 나가고 결혼을 했더라면 지금쯤 그 통장의 10억은 20억 혹은 30억이 되어, 저긴 도대체 어떤 사람들이 드나들까 하고 조악한 통장을 만지작거리며 바라봤던 VIP 룸이나 프라이빗 뱅킹을 이용하고 있을지도 모른다.

한번 사랑을 위해 뭘 버렸던 적이 있는지 생각해보라. 나는 남자를 만나 푹 빠져 있을 때도 그들에게 말했다. 다른 건 몰라도 일만큼은 방해받고 싶지 않다고. 그게 어디 일뿐이었으랴. 난 다른 것도 그런 식으로 말했다. 다른 건 몰라도 난 뭐는 해야 하고, 또 뭐는 하고 싶다고 말하면서 아마 스스로 멋있다고 생각했던 것 같다. 사랑보다 일과 현실이 더 소중한 정말 똑똑하고 잘난 여자라고 생각하면서 말이다.

지금 내게 사랑을 위해 무언가 포기하라면 나는 더더욱 그럴 수 없다. 단지 멋있게 보이기 위해서는 아니다. 사는 게 무섭기 때문이다. 솔직하게 말하자면 이제 아무도 나에게 사랑을 위해 무언가 포기하기를 바라지 않기 때문이다. 왜냐하면 그들도 그러지 않기에, 그래서 내가 사랑을 위해 뭘 포기해버리면 그들은 그런 맹목의 내가 무서울 것이 뻔하기 때문이다.

젊고 예쁜 얼굴을 무기로 내 옛 남자친구와 결혼한 스물다섯 살짜리 여자애는 지금 잘살고 있다. 하던 음악을 때려치우고 그녀를 위해 회사 사장님이 된 그는, 그녀에게 루이뷔통 핸드백도 사주고 새로 분양한 호텔 같은 아파트도 사주고, 아기 낳느라 머리카락이 빠진 그녀를 위해 백만 원짜리 헤어클리닉도 끊어줬다.

그런 그가 어느 날 담배를 손에 들고 술잔을 비우면서 나에게 말했다. "너 혹시 나랑 바람피울 생각 없냐?"

농담처럼 말했지만 그는 진심이었다. 일주일에 한 번씩 네일케어를 하는 아내를 위해 청담동에 있는 미용실까지 태워다주며 자상한 남편 노릇을 하는 그는 지금 불행하다고 말했다. 더이상 그녀를 위해 희생하고 싶지 않은 듯 보였다. 하지만 그에게 모델처럼 늘씬하고 예쁜 데다 무려 여덟 살이나 어린 아내를 데리고 살면 그쯤은 해야 한다고, 그래야 세상이 공평한 거라고 말해줬다.

내가 알기로 그는 한때나마 진심으로 그녀를 사랑했다. 하지만 이제 그 사랑을 얻고 나니 그게 시시해진 모양이다. 그래서 그녀를 위해 포기했던 모든 것이 아까워지기 시작한 것이다. 비단 그뿐만이 아니다. 우리에게는 살아가면서 아까운 것들이 하나씩 생긴다. 그게 자유건 꿈이건 남자건 말이다. 하지만 하나를 얻으면 다른 하나는 잃을 수 있다는 것을 알아야 한다.

상대방에게는 무엇을 포기하길 바라면서 나는 아무것도 잃으려고 하지 않는다면 그건 욕심이 지나친 것이 아닐까? 이 세상에 나만 만족할 수 있는 게임은 없다. 더구나 연애는 서로가 만족해야 오래, 또 행복하게 계속할 수 있는 게임이다.

연애, 그리고 사랑이 끝났음을 예감할 때

여자들은 기억한다. 그때 그 남자가 나와 처음 섹스할 때 얼마나 조심스럽고 섬세했는지를 말이다. 어떤 특별한 비법도, 그렇다고 화려한 테크닉도 없었지만 그 순간만큼은 마치 여왕이라도 된 것처럼 느껴지게 한 그를 말이다.

섹스가 끝난 후에도 목덜미와 귀에 끊임없이 키스하고, 마지막에는 좀 지나치게 로맨티스트처럼 이마에 뽀뽀하는 것으로 마침표를 찍은 그. 그래, 그녀들에게 있어 그는 그런 남자였다. 아니, 였었다.

여자들이 느끼기에 자신이 진정으로 사랑한 그 남자는 적어도 섹스를 위해 섹스하는 그런 남자는 아니다. 그러니까 남녀가 한 방에 같이 있으면 할 수 있는 게 섹스밖에 더 있겠냐는 듯한 섹스가 아니란 말이다. 그리고 진정으로 사랑한 그 남자와 섹스하지 않는 밤에도 전혀 불만스럽지 않았다. 왜냐하면 섹스 외에도 아주 많은 걸 서로 나누는 사이였으니까.

하지만 시간과 섹스의 횟수가 쌓였다고 해서 더 가까워지는 건 아니다. 어느 순간부터 남자들은 필요한 말들만 하기 시작한다. 예전에는 어떻게든 길게 이야기하기 위해 노력했던 그가 "내일 말하면 안 될까?" 혹은 "나 오늘 정말 피곤해"라며 선수를 친다. 그러다 전화 횟수가 현저히 줄면서 용건 없이는 더 이상 전화하지 않게 되고, 전에는 할 말이 없어도 아침 출근길마다 전화를 했던 그와 전날 야근하고 늦게 들어와 막 잠들었음에도 목소리를 가다듬고 전화를 받았던 그녀 사이엔 투명한 벽이 생긴다.

그런 연인이 아주 오랜만에 섹스를 했다. 하필이면 텔레비전에서 야한 영화가 흘러나왔고 다른 채널을 보자는 의견은 묵살되었지만 그날따라 그가 원하는 것 같아 그녀는 그를 뿌리칠 수 없었다. 그리고 섹스도 관심과 사랑을 표현하는 한 방법이라고, 지금 이 섹스는 그저 동물적인 본능에 이끌려서 하는 것과는 뭔가 다르다고 애써 생각했다.

하지만 그는 그녀의 웃옷을 벗기지 않았다. 웃옷을 벗지 않아도 가능한 섹스. 그저 삽입과 사정만이 존재하는 섹스를 한 것이다. 마치 화장실에서 볼일을 보듯 간단하게 섹스를 마친 그는 이내 코를 골며 잠이 들었다. 예전의 그는 섹스 후 샤워를 하고 잠옷을 입고 난 후 이런저런 이야기를 하다가 잠들었지만, 지금의 그는 대충 화장지로 뒤처리를 하고 그 화장지마저 방바닥에 그냥 떨어뜨렸다. 가릴 것도 없고 부끄러울 것도 없고 조심할 필요도 없는 사이. 단지 가까운 사이기 때문에 가능한 행동이라고 말할 수 있을까.

남자들은 여자들이 너무 사소한 일에 목숨을 건다고 말한다. 그들은 그 사소함이 모이면 결국은 큰 의미가 된다는 것을 알지 못한다. 사소한 징조를 무시할 만큼 우리는 둔감하지 않다. 익숙함과 무뎌짐을 구분하지 못한다면 더 이상 사랑은 사랑이 아니다. 비록 섹스할 때 옷을 다 벗는다고 해도 그 벗은 모습을 익숙해하거나 식상해하지 않기를 바란다면 너무 욕심이 큰 걸까?

섹스 중에 남자는 이렇게 말하기도 한다. 사정할 것 같으니까 빨리 느끼라고. 사정이 임박한 그 와중에도 상대방의 오르가슴을 챙겨주는 그를 배려 깊은 남자로 생각해야 할까? 하지만 남자들에게 말하고 싶다. 적어도 그런 말로 섹스를 단지 사정과 오르가슴만이 최종 목적지인 것처럼 만들지 않았으면 한다고 말이다.

물론 하나하나 따지고 들면 결국 연애는 견디지 못하고 오래 갈 수 없다. 그렇다고 금방 만나고 또 헤어지고 다시 누군가를 만나서 처음부터 시작해야 한다는 것도 너무 부담스러운 일이다. 그 일련의 과정들이 앗아갈 에너지와 감정을 감당할 자신 또한 없다. 그렇다고 해서 이 세월의 무게를 얹은 무덤덤함을 참아낼 자신도 없다.

'다시 설렘과 기쁨을 안겨줄 남자를 찾을 수 있을까?'라고 여자들은 헤어짐을 예감할 때 많이 생각한다. 하지만 한쪽에서는 말한다. 이 사랑을 끝낼 자신이 있냐고, 그 긴 시간들이 가져다준 기억들을 그냥 묻어버릴 자신이 있냐고.

섹스할 때 웃옷 좀 벗지 않았다고 세상이 끝장나는 건 아니잖아? 그래, 맞는 말이다. 세상이 끝장나지는 않는다. 하지만 분명한 건 사랑은 끝났다는 것이다. 사랑 없이 단지 섹스만 원한다면 지금이라도 섹스 파트너를 찾으면 그만이다. 애초부터 감정 같은 건 기대하지 않고 오로지 서로에게 쾌감만 건네줄 원나이트 스탠드의 기회는 곳곳에 있다. 그리고 그건 원하기만 한다면 남자보다는 여자에게 좀 더 쉬운 일이다.

사랑에서 섹스가 빠질 수는 없지만 그렇다고 해서 섹스가 사랑이 도달할 수 있는 가장 궁극의 목적은 아니다. 첫눈에 반해 곧 섹스를 하게 되고 그게 나중에는 사랑이었더라 하는 이야기는 영화에서나 나오는 일이다. 물론 극소수는 있을 수도 있다. 어찌 되었건 오래 만나고 깊이 좋아해서 마침내 사랑을 나누게 되었더라가 좋다. 순서가 뒤바뀌면 어떠냐고 묻겠지만 그건 큰 차이다. 몸도 사랑의 일부이지만 그렇다고 해서 그걸 주인공으로 삼아서는 안 된다.

모든 일은 익숙해지면 덤덤해지기 마련이고 덤덤해지면 그 다음은 습관과 의무만 남는다. 사랑도 마찬가지다. 처음에는 그저 얼굴을 바라보는 것만으로도 떨리는 마음을 진정할 수 없었다가, 마침내 그의 얼굴이 거울로 보는 내 얼굴만큼이나 익숙해져버리면 그다음부터는 무덤덤함이 찾아온다. 그리고 어느새 그에게 하는 말, 전화, 기념일, 선물 같은 것이 기쁨이나 설렘이 아닌 의무감으로 전락해버린다. 이럴 때도 우리는 사랑을 계속해야 하는 걸까? 새로운 사랑을 찾자니 귀찮고 또 얼마나 걸릴지 모르는 이 마당에 구관이 명관이라며 이 모든 무덤덤함을 지나쳐야 하는 걸까?

사랑에는 분명 노력이 필요하다. 아무리 보고 또 보고 겪고 또 겪었어도, 그 혹은 그녀와 함께라면 적어도 마음만은 새로워야 한다. 그래야 우리는 사랑을 끝내지 않을 수 있다.

연애, 그 참을 수 없는 무거움

토요일 오후, 늦게 일어나서 한참 동안 방바닥을 긁다가 라면이라도 살 요량으로 근처 편의점에 갔다. 라면 한 봉지와 구운 달걀, 꼬마 김치에 바나나 우유를 들고 서 있다가 계산대 근처에 가지런히 꽂혀 있는 DVD에 눈길이 갔다.

요즘 들어 DVD 대여점들이 다 어디로 갔나 했더니 전부 숍 앤 숍의 형태로 편의점에 흡수된 모양이었다. 그중에서 〈연애, 그 참을 수 없는 가벼움〉이라는 DVD를 골라들었다. 연애가 가볍긴 하지만 대체 이 사람들은 얼마나 가볍기에 그걸 참을 수 없다고까지 표현했을까? 존재의 가벼움도 아닌 연애의 가벼움이라, 연애 칼럼을 쓰는 내가 봐줄 만한 영화였다.

영화의 내용은 한 남자가 두 여자 사이를 왔다 갔다 하다가 결국은 조신한 여자와 결혼하지만 끝내 한 여자마저 버리지 않는다는 참으로 남성적인 영화였다. 영화에 이런 대사가 나온다. 룸살롱 출신의 여자 연아가 자신과는 결혼할 수 없다는 연우에게 "왜 수경이 년은 되고 나는 안 돼?"라고 묻는다. 그러자 연우는 대답을 하지 못하고 우물쭈물한다. 끝내 겨우 한다는 말이 "수경이는 너보다 먼저 만났다"였다.

하지만 연아도, 영화를 보는 우리도 연우가 하지 못한 말을 알고 있다. 당차고 거침없는 연아는 연애하기는 그럭저럭 괜찮은 상대지만 평생을 함께할 반려자로서는 조신하고 얌전한 수경이보다 한 수 아래라고. 아마 적잖은 남자들이 연애는 어떤 여자와 하든 결혼만큼은 현모양처가 꿈이거나 혹은 그에 가까운 여자와 해야 한다고 생각할 것이다. 그건 여자들이 연애할 때는 남자가 가난해도 좋지만 결혼할 때는 정반대의 사람을 찾는 것과 마찬가지이다.

얼마 전 친구 하나가 무려 6년을 사귄 남자친구가 이제 결혼을 해야겠으니 그만 만나자고 했다고 울면서 전화를 했다. 연아식 표현에 따르면 쓴맛 단맛 다 빨아먹고 마지막에 뺑 차버린 것이니 친구는 기가 막히고 억장이 무너졌다. 그저 '헤어지자'가 아닌 '이제 결혼해야 하니 헤어지자'라는 말 속에는 너는 연애 상대일 뿐 결혼 상대는 아니라는 뜻을 내포하고 있었다. 그녀는 화끈하고 대차서 좋다고 할 때는 언제고 이제 와서 결혼용의 조신녀를 찾느냐고 내게 물었고, 안쓰러웠지만 원래 세상이 그렇다고 그녀에게 말해줄 수밖에 없었다. 더 이상 무슨 말이 필요하겠는가. 그가 결혼상대로는 남자가 눈만 똑바로 떠도 찍 소리도 못하거나, 아니면 남자는 하늘이요 여자는 땅이라 생각하는 여잘 찾겠다는데 말이다.

나에게도 그런 남자가 있다. 꽤 사랑한다고 믿었고 이대로 가면 젊은 남녀가 연애를 하고서 다다르는 마지막 종착지인 결혼도 할 수 있겠다는 생각을 하게 만든 남자. 하지만 이런 내 기대는 보기 좋게 날아갔다. 그 역시 나를 애인으로는 만족스러워했지만 결혼만큼은 좀 더 얌전하고 좀 더 기가 약하고 좀 더 여성스러운 여자를 원했던 것이다.

나와 연애할 때는 밀고 당기고 내숭떨고 다 알면서도 속아주는 연애는 지겹다며 우린 그러지 말자고 말했지만 결국 그도 어쩔 수 없는 남자였다. 연애에서 지겨운 요소들이 결혼에서는 가장 중요한 조건이었다.

이제 서른셋에 접어든, 그래서 결혼하라는 독촉이 아닌 "결혼 하긴 할 거지?" 같은 말을 듣기 시작하는 정도가 된 여자들은 거의 이 대목에서 딜레마를 느낀다. 원래 모습으로 살자니 연애는 가능하지만 결혼은 힘들겠고, 그렇다고 평생 안 떨던 내숭떨고 다 알면서도 모르는 척 순진 떨기에는 자존심이 허락하질 않는다. 그건 마치 침대에서 "니가 첫 남자야"라고 말하는 것만큼이나 뻔뻔스럽고도 낯간지러운 짓이다.

하지만 세상은, 아니 남자들은 이 뻔뻔함과 낯간지러움을 원한다. 적어도 그들이 결혼을 생각할 때는 그렇다. 좀 놀아본 여자, 같이 술 마시고 담배 피우고 침대 위에서 뒹굴던 여자는 그저 연애 상대일 뿐이다. 그들이 원하는 여자는 맥주 한 잔에 얼굴이 빨개지고 담배는 냄새만 맡아도 켁켁거리며 섹스는 비록 경험은 있다 할지라도 그리 대수롭잖은 횟수를 자랑하는, 그러면서도 예쁘고 착하고 성격 좋은 여자다(예전에는 아예 숫처녀를 원했지만 이제 그게 얼마나 말도 안 되는 소린지는 그들도 슬슬 알기 시작했다. 희망적이라고 해야 할지 아니면 이제야 겨우라고 해야 할지 모르겠다).

사실 내숭을 떨기란 얼마나 쉬운가. 어차피 상대방은 알고도 속고 모르고도 속아준다. 그들이 하는 말에 조용히 미소 짓고 절대 잘난 척 같은 건 하지 않고 욕도 담배도 술도 입에 담지 않으면 된다. 그렇지만 절대로 쉬운 일만도 아니다. 상대를 속이기가 힘들어서가 아니라 자신을 속이기가 힘들기 때문이다.

나 아닌 다른 사람인 척하는 것, 장소에 따라 적당하게 나를 바꿀 수 있는 것. 그건 어쩌면 천생 사기꾼 기질을 타고나야 가능할 것이다. 섹시하고 포악하다가도 사랑 하나에 자기를 확 던지는 영화 속 연아는 결국 그녀의 말대로 첩년, 즉 세컨드로 남게 된다. 연우는 연아 대신 보조개가 예쁜 조신하고도 얌전한 여자 수경을 선택한다. 비록 결혼 후에도 연아를 잊지 못해 그녀를 찾지만 그건 어디까지나 자신을 위해서일 뿐, 연아를 위해서는 아니었다. 그걸 사랑이라고 부르든 욕정이라고 부르든 이기적인 것은 마찬가지이다. 연우 같은 남자들은 이렇게 말한다.

"어차피 너는 결혼을 원하지 않잖아."

하지만 처음부터 그렇게 말해버리면 더 이상 원할 수도 없다는 걸 그들은 알까? 그리고 혹시 원했다 하더라도 스스로 부끄러워하면서 '그래, 난 그런 여자가 아니지. 맞아, 니 말이 옳아' 하고 인정하게 되는 것도 알까? 그들은 섹스할 때 아프다고 하면 처녀도 아니면서 뭘 그러냐는 것과 하나도 다를 것 없는 말을 한다. 이쪽에서 전혀 반박할 수 없는, 반박하는 게 치사스럽고 구차해서 차라리 입을 다물게 되는 그런 말들 말이다.

어쩌면 이제 진짜 선택해야 하는 순간이 온 것인지도 모른다. 정말로 평생을 혼자 살 것인지, 아니면 있는 그대로의 나를 사랑할 남자를 찾는답시고 평생을 헤매야 할지. 벌써 눈치 빠르고 계산 정확한 것들은 적당히 남도 자신도 속이면서 꽤 괜찮은 남자들을 꿰차고 유부녀가 되어 있다. 그리고 그녀들은 도끼눈을 하며 우리를 바라본다. 그리고 말한다.

"내 남편 건드렸다간 재미없어"라고.

늙어 추할지라도 이십대 초반 못지않은 내숭을 떨어가며 국보급 내지는 천연기념물 흉내를 내야 하는 것일까? 그래서 한 남자의 아내로 그 위치를 공고히 지켜가며 살아야 하는 것일까? 아니면 계속해서 넌 원래 결혼할 타입의 여자는 아니잖아 소리를 끊임없이 들어야 할까?

있는 그대로의 나를 사랑할 사람이 세상 어딘가에는 분명히 존재한다. 남자들도 이제는 여자를 사랑하는 방법을 바꿔야 하지 않을까.

예전의 첫사랑을 만나다

세상 참 좋아졌다. 빛처럼 빠르다는 인터넷만 연결되면 집 안에서도 얼마든지 장을 보거나 쇼핑할 수 있고, 원고를 다 쓰고 우체국으로 달려가는 대신 몇 번의 클릭만으로 마감이 가능하다. 거기다 약간의 정보만 가지고 있으면 오래전에 헤어진 사람까지 찾을 수도 있다.

얼마 전 농담처럼 첫사랑이 나를 찾았다. 모 포털사이트를 통해서 찾은 모양인데 자신의 전화번호를 남기고는 꼭 한 번 연락을 달라고 했다.

나는 메시지를 받고 일주일 정도 고민했다. 첫사랑을 다시 만난다는 것은 분명 설레는 일이다. 세월은 그 사람을 어떻게 바꿔놓았을까, 혹시 예전 그대로일까. 이렇게 오랜 시간이 흐른 뒤 찾는 걸 보면 아직도 나를 잊지 못한 건 아닐까 하고 속으로 은근히 바란다.

그와 내가 처음 만난 것은 지금으로부터 십 년 전의 일이다. 십 년은 강산도 변하는 시간인데 하물며 사람인 우리야 더 말해서 뭣하겠는가. 내가 알던 내가 아닌 것처럼, 그 역시 이미 내가 아는 그가 아닐 것이다. 하지만 마음은 엉뚱하게도 그는 변하지 않았을 거라고 이야기한다. 함께 나누었던 모든 기억은 내 생에 있어 가장 순수했던 순간이었고, 아무런 계산 없이 서로에게 충실했으며 사랑하고 싶은 만큼 사랑했던 시간이었으니까.

그리고 그런 기억을 만들어주었던 그는, 그 시절 그대로일 것만 같았다. 그와의 많은 기억 중 지금도 잊히지 않는 게 있다면 데이트 중 갑자기 비가 왔을 때였다. 그때 우리는 상점도 거의 없는 길을 걷고 있어서 어디 적당한 지붕 아래로 피할 수도 없었다. 그는 갑자기 자신의 하늘색 점퍼를 벗더니 지붕을 만든 다음 내 손을 잡았다.

"자, 뛰어!"

그의 한마디에 세상이 온통 내 것 같았다. 그렇게 뛰면서 본 거리의 풍경은 아직도 내 머릿속에 영화보다 더 멋진 장면 중

하나로 남아 있다. 지금이라면 그게 뭐 대단한가 싶겠지만 그때의 나는 이십대였다. 그와 함께라면 불지옥에라도 사랑의 세레나데를 부르며 들어갈 수 있을 것 같았다.

그런 첫사랑에게서 연락이 왔으니 고민이 되는 것은 어쩌면 당연한 것이리라.

마침내 그의 핸드폰 번호를 누를 용기를 얻었다. 예전보다는 조금은 성숙해진 것 같은 목소리로 그가 전화를 받았다. 우리는 "정말 너냐? 너 맞느냐?"라는 말을 몇 번이고 했다. 기억은 입을 통해서 하나씩 뱉어졌고, 통화하는 동안 내 주변을 둥둥 떠다녔다. 이런저런 이야기를 하다가 우리는 예전으로 돌아가는 것 같았다. 한 번 사랑했던 사람들이라 그런지 너무도 쉽게 또 너무도 빨리 다시 예전으로 돌아갈 수 있다는 희망을 품게 된 것이다. 그리고 통화한 그 주의 금요일 저녁에 우리는 만나게 되었다.

결론부터 말하자면 이런 이야기의 대개가 그렇듯 그를 만나지 말고 그냥 기억으로 남겨두었어야 했다. 함께 저녁을 먹고 와인을 마실 때까지만 해도 좋았다. 어떤 것은 변하지 않았고 또 어떤 것은 변했다는 것을 느끼면서, 내가 그의 삶에서 빠져 있는 세월 동안에 변한 그를 빨리 읽어내고 싶었다. 하지만 와인에 취해 함께 밤을 보냈을 때 비로소 만나지 말아야 했다는 것을 느꼈다.

　그와의 섹스는 아무런 감흥도 주지 않았다. 원나이트 스탠드 같은 흥분이나, 혹은 익숙한 연인의 편안함 같은 것들 중 그 어느 것도 아니었다. 몸은 그를 기억하고 있을 줄 알았는데 아니었다. 십 년 만에 다시 안은 그는 너무나 낯설었고 그럼에도 내 머리는 그를 익숙한 것으로 받아들이려고 했다. 섹스를 하면서 나와 잠자리를 함께한 남자들의 얼굴과 그들의 테크닉을 떠올렸다. 그리고 또 그를 스쳐지나갔을 여자들을 상상했다. 우린 이미 너무 오랫동안 상관없는 사람으로 살아왔는데, 그럼에도 환상을 품었던 것이었다. 십 년의 세월은 그렇게 가볍게 뛰어넘거나 쉽게 옆으로 밀쳐둘 만한 것이 아니었다.

　어쩌면 그와 섹스하지 않고 식사를 하고 와인을 마시는 걸로 만남을 끝냈다면 괜찮았을지도 모른다. 아니 그보다 섹스를 막 하려고 할 때 내가 조금 부끄러워하자 알 거 다 알고 할 거 다 한 사이끼리 웬 내숭이냐는 말을 그가 하지 않았다면, 그랬다면 그와의 섹스가 조금은 괜찮았을까? 만약에 우리가 그날 밤을 함께 보내지 않고 '잘 자'란 인사를 하고 헤어진 뒤 각자의 침대에 누워 서로를 떠올렸다면 다시 뭔가를 시작할 수 있었을까?

　사람들은 대부분 첫사랑을 좋게 기억한다. 뭔가 잘 모르고 순수했던 시절이라서 서툴렀지만 그래도 그때는 '진심'이라는 게 존재했다고 믿는다. 그리고 그 진심은 서로가 다시 만나면 언제든 부활할 것이라 생각한다.

그러나 그런 일은 결코 일어나지 않는다. 첫사랑은 원래 이뤄지지 않아서가 아니라 그때는 그만한 이유가 있어서 헤어진 것이기 때문이다. 다시 만난다고 해서 그 이유가 사라지는 것도 아니고, 내가 참을 수 있는 그 무언가가 되지도 않는다. 지난 날의 좋았던 기억만 가지고 다시 만나보지만, 그건 좋았던 일만 있어서가 아니라 편리하게도 우리의 뇌가 그것만을 취사선택해서 기억했기 때문이다.

지나간 일은 그냥 지나가게 돼야 한다. 세월의 흔적을 다 버릴 수 있는 건 노래 가사에서나 가능한 일이다. 그 흔적들을 다 떠안은 채 다시 예전처럼 사랑할 수는 없다. 세월만 흐른 게 아니라 우리의 일부분도 그 세월 안에 흘러가버렸기 때문이다. 첫사랑은 되도록이면 만나지 않는 게 좋다. 그냥 좋았던 기억, 그걸로 충분하다.

여자들,
이런 남자만큼은
피하자!

●

1. 자기 가족을 사랑하지 않는 남자

남자들 중에서는 자기 가족을 너무 소홀하게 대하는 남자가 있다. 특히 아버지를 제외한 엄마와 누나 여동생들에게 함부로 하는 남자들은 더욱 조심해야 한다. 이들은 그야말로 집구석 왕자로 자라났을 확률이 높다. 어려서부터 남자라는 이유로 온갖 특혜란 특혜는 다 받았지만 그 특혜가 가능하도록 희생한 가족 (여자들)의 공을 모르는 남자라면 그 떡잎은 자세히 보지 않아도 누렇다.

이런 남자는 언젠가 여자 친구에게도 자신의 가족들과 같은 희생을 요구할지 모른다. 그렇다고 그 희생을 고마워하는 것도 아니다. 남자는 하늘, 여자는 땅이라는 생각을 하고 사는 여자라

면 모를까 그렇지 않다면 이런 남자는 반드시 피해가야 할 폭탄
이다.

2. 친구를 너무 좋아하는 남자

사회생활을 하려면 사람과 잘 어울려야 한다. 그리고 알다시
피 남자들은 우정에 있어서 의리를 목숨처럼 여긴다. 하지만 이
게 지나쳐서 여자 친구와의 약속도 깨고 일에 지장을 주면서까지
친구 일에 발 벗고 나선다면? 이 역시 우리가 피해야 할 폭탄일
확률이 99.9퍼센트이다. 이런 남자는 주변에서 아무리 말려도 친
구라면 집을 저당 잡혀서라도 빚보증을 선다. 늘 친구 때문에 바
쁘고 친구 챙기느라 여자 친구는 안중에도 없는 남자. 이 남자가
친구들과 노느라 언제 집에 들어갈지 몰라 걱정하며 전화기만 붙
들고 뜬눈으로 밤을 새울 게 아니라면 이런 남자는 안 만나는 게
좋다.

3. 사치스러운 남자

당장 다음 달 카드 값 막을 돈도 없으면서 친구들 앞에서 술
값은 자기가 계산해야 하는 남자. 곧 죽어도 좋은 차에 비싼 옷과
장신구를 착용하지 않으면 안 되는 남자. 물론 이런 남자는 겉으
로 볼 때는 그 허우대가 매우 멀쩡하다. 모두 미적거리는 술값 계

산에 카드를 척 하니 내밀고, 폼 나는 차와 그럴듯한 옷차림을 한 남자. 지금 당장에는 이런 남자가 매력적으로 보일 수 있지만 그 남자의 내실을 잘 살펴보길 바란다. 다니는 직장이나 연봉에 비해 지나치게 사치스러운 남자는 패가망신하기 딱 좋다. 정작 자신은 능력이 없으면서 부모님의 재력으로 이렇게 생활하는 남자도 마찬가지다.

이런 남자들은 여자를 만나도 비싸고 좋은 곳만 데리고 가고 선물 하나를 해도 폼나는 것으로 한다. 하지만 자기 형편과 무관하게 막 쓰고 사는 스타일이라면 그 뒷감당을 누가 다 할 것인가? 이렇게 신나게 쓰다가 어느 날 "자기야, 내가 급하게 막을 카드 값이 있는데 말이지" 하며 돈을 좀 빌려줄 것을 요구할 것이고, 그동안 받은 것이 있는 여자는 쉽사리 거절하지 못할 것이다. 그러면 정말로 같이 시궁창 인생으로 손잡고 들어가는 것임을 명심하자. 형편에 맞지 않게 돈을 쓰는 사람은 여자건 남자건 경계해야 한다.

4. 취미생활을 목숨 걸고 하는 남자

사람은 누구나 취미를 하나쯤은 가지고 있다. 이게 나쁘다는 소리는 아니다. 하지만 간혹 남자들 중에는 심하게 취미에 몰두하는 남자가 있다. 그중에서도 가장 위험한 건 차를 튜닝한다든가 하는 것인데, 차에 돈이 들어가봤자라고 생각하면 큰 오산이다. 차에 미친 나머지 튜닝비만 외제차 여러 대를 사고도 남을 돈을 들이는 남자들이 의외로 많다.

또 한 부류로는 취미에 너무 많은 시간을 투자하는 남자이다. 게임을 좋아한 나머지 주말이면 집에 들어앉아 이틀 내내 히키코모리(사회생활에 적응하지 못하고 집 안에만 틀어박혀 사는 병적인 사람들을 일컫는 용어)처럼 처박혀서 게임만 하는 남자는 문제가 심각하다.

의외로 여자들의 고민을 상담해주다 보면 남자친구가 게임을 너무 좋아하는 나머지 자신과 만나는 것도 줄이려 하고, 심지어 게임 중일 때 전화하면 화를 내면서 끊어버리는 경우도 있다고 한다. 나중에 "나야, 게임이야? 둘 중 하나 선택해" 할 거 아니라면 신중하게 생각하길 바란다. 물론 정도껏 적당히 즐기는 취미 생활이 있는 남자는 상관없다.

5. 친한 여자 친구가 있는 남자

물론 남녀 사이에도 얼마든지 친구가 될 수 있다. 그런데 유독한 여자 친구에 대해서는 자신과 아무 상관없는 일임에도 발 벗고 나선다거나 심지어 애인인 나보다도 어떤 때는 그녀를 더 챙긴다면 문제가 있다. 그게 과연 그녀와 상당히 친하기 때문인 것일까? 아니다. 절대 그렇지 않다.

유독 친한 여자 친구가 있을 수 있겠지만 그건 어디까지나 내 연인이 충분히 받아들일 수 있을 정도의 친분관계일 때만 정상적이라고 볼 수 있다. 만약 그녀의 일이라면 자다가도 벌떡 일어나고, 나와 함께 있다가도 그녀가 와달라는 전화 한 통에 쪼르르 달려간다면 그 남자는 분명 그 여자 친구를 특별하게 생각하고 있다는 증거이다. 어쩌면 그는 그녀를 너무나 사랑하지만 그녀가 자길 친구로만 대하기 때문에 친구로라도 남겠다고 다짐했는지도 모른다. 진짜 친구와 친구를 가장한 연인 사이는 분명 구분해야 한다. 어느 한쪽이 연애 감정이 없다 하더라도 한쪽이 그걸 가지고 있다면 그 둘 사이는 더 이상 친구관계로 볼 수 없다.

6. 마초 기질이 있는 남자

사실 어린 여자들은 부드러운 남자보다 카리스마 있고 남자다운 남자에게 더 끌린다. 아직은 우왕좌왕하는 자신에게 이것저것 코치해주고 때로는 하지 말란 말도 단호하게 해주는 남자. 물론 매력 있다. 하지만 이게 마초 기질이 있어서 그러는 건지 아니면 나에게 그게 필요해서 그러는지는 잘 살펴볼 일이다.

예전에 내가 알던 지인은 남자친구가 아버지보다 더 무섭다고 했다. 매일 밤 9시면 집으로 들어갔는지 확인 전화를 하고 자신에게 대드는 건 절대 못 참고. 뭐든 자기가 하라는 대로만 하길 바라는 남자. 이 같은 타입은 드라마에서나 귀엽지 실제로는 매우 피곤하다. 이런 남자들은 여자를 자기 마음대로 휘두르려고 한다. 꼭두각시처럼 그가 하란 것 이외에는 아무것도 하지 않고 살겠다고 다짐하지 않는 이상 이런 남자를 애인으로 두는 일은 어지간하면 피해야 한다.

7. 질투가 많은 남자

남자가 무슨 질투냐고 말하겠지만 이런 남자는 남 잘되는 꼴을 못 본다. 친한 친구든 직장상사든 자기보다 조금만 잘나간다 싶으면 무조건 헐뜯고 깎아내리려고 한다. 내가 여자 친구라 편해서 나에게만 저러는 거겠지라고 생각하면 오산이다. 남자의 질투는 여자보다 훨씬 구체적이고 현실적이어서 때로는 그게 큰 화가 될 때도 있다. 차라리 승부욕이라면 모를까. 질투심에 휩싸인 채 자기보다 잘난 놈은 다 죽어야 한다고 외치는 남자. 다시 한 번 생각해보길 바란다.

8. 친절한 남자

자상하고 배려 잘하고 매너 좋은 친절한 남자 물론 좋다. 하지만 이건 어디까지나 나에게만 친절했을 때의 이야기지 세상 모든 여자에게 친절한 남자를 말하는 건 아니다. 친절이 몸에 베인 나머지 내 친구에게 소개해줬을 때 유독 친한 친구 하나가 "그 남자 우리한테 너무 지나치게 친절하더라. 딴 데 가서도 그러는 거 아니야?"라고 말한다면 그건 심각하게 생각해볼 문제이다.

매너가 좋은 남자는 바람둥이의 가장 큰 특징이다. 그렇게 친절을 남발하다 보면 주변에 끊임없이 여자가 꼬이게 된다. 적당한 친절의 도를 지나쳤기 때문에 여자로 하여금 혹시 나에게 관심이 있는 거 아닌가 하는 착각을 주기 때문이다. 이런 남자는 여자 문제로 조용할 날이 없다. 처음 이 남자와 사귈 때 나에게 관심이 있어서 친절했는지 아니면 친절했기 때문에 내가 그를 만나게 된 것인지 되짚어보길 바란다.

9. 폭력을 휘두르는 남자

이건 정말 말할 필요도 없는 최악의 남자다. 그런데 정말 이상하게도 여자들 중에는 한 대 맞자마자 그 남자와 바로 끝내는 여자가 있는가 하면 그렇지 않은 여자들도 있다.

폭력을 습관적으로 휘두르는 남자들의 특징은 바로 너무나 감동적인 뒷수습에 있다. 무릎을 꿇고 눈물을 흘리고 꽃을 바치며 다시는 그러지 않겠다고 말한다. 그러면 여자는 그만 마음이 약해져서 그를 용서한다. 심지어는 그래 내가 좀 맞을 짓을 하긴 했어, 그가 욱하는 성격이 있는 걸 잘 알면서도 계속 긁어댔으니까 하고 그의 변명까지 해준다.

맞을 짓을 했든 안 했든 여자를 때리는 남자는 인간도 아니다. 단 한 대라도 맞았거든(맞는다는 의미에는 꼭 제대로 때리는 게 아닌 물건을 집어던진다든가. 나를 밀친다든가 하는 모든 폭력적인 행위가 다 포함된다) 그 남자와는 단 1초의 망설임도 없이 끝내야 한다. 만약 이런 남자와 결혼이라도 하게 되면 돌이킬 수 없게 된다. 많은 폭력 남편들이 결혼 전에 벌써 그 폭력적인 양상을 충분히 보인다고 한다. 맞고 사는 여자가 되고 싶지 않거든 그가 가진 모든 게 너무나 훌륭하다 하더라도 확실하게 끝내야 한다.

10. '여자가'라는 말을 많이 하는 남자

못난 남자일수록 여자에게 이 말을 남발한다. 여자가 무슨 자기보다 하등한 생명체라도 되는 양 끊임없이 여자에게 여자로서의 올바른 길을 제시하려고 한다. 여자가 술은 무슨 술이냐. 여자가 왜 그렇게 늦게 다니느냐. 여자가 왜 그렇게 헤프게 웃고 다니느냐 등등. 그들이 여자라는 이름으로 옭아매려는 족쇄는 그 끝이 없다. 문제는 자신은 술 마시고 늦게 다니고 아무 여자에게나 실실 웃으면서 여자는 조금도 용납하지 않는다. 시대가 어떤 시대인가. 여자도 술을 마실 수 있고 모임이 늦게 끝날 수도 있다. 이때 정말 좋은 남자라면 '여자가 어디' 하면서 행동을 저지하는 게 아니라, "늦게 다니면 위험하고 술도 마셨으니까 내가 집까지 데려다 줄게, 모임 끝나면 전화해"라고 말할 것이다.

간혹 저런 족쇄를 나에 대한 애정의 증거쯤으로 착각하는 여자가 있는데 말 그대로 착각이다. 그런 남자는 자신의 열등감을 여자를 깔아뭉갬으로써 보상받으려고 하는 것일 뿐, 여자에 대한 지대한 애정과 관심에서 하는 말이 아니다.

Q&A

Q 남자친구와 만난 지 이제 100일이 다 되어가는 삼십대 초반의 여성입니다. 그런데 그는 너무 바쁩니다. 늘 회사 일도 많고 출장도 잦으며 또 집안의 장손이라 챙겨야 할 대소사는 얼마나 많은지, 사실 그는 주말이면 저를 만나기보다는 식구들을 챙기기에 더 정신이 없습니다. 전화라도 자주 했으면 좋겠는데 어쩌다 통화를 해도 피곤하다며 빨리 끊고 싶어 합니다. 연애한 지도 얼마 안 된 만큼 그와 많은 시간을 보내고 싶은데 바쁜 그에게 부담을 줄 생각은 전혀 없습니다. 그저 나도 그의 일이나 가족만큼 그에게 중요한 사람이길 바랄 뿐이죠. 내 욕심만 생각하자니 한편으로는 너무 피곤한 그를 더 피곤하게 하는 건 아닐까 하는 걱정도 됩니다. 저에게 무심한 것 같지만 한편으로는 왜 그러는지 알 것도 같고, 그러면서도 마음 한구석은 허전합니다. 이제 겨우 100일이 되어갈 뿐인데 왜 이럴까요? 제가 그에게 너무 집착하는 건 아닌지 모르겠습니다.

_연애 100일째 K양

A 상담을 하면서 여자들에게 가장 많이 하는 말이 있습니다. '원래 그런' 남자는 세상에 없습니다. 원래 그는 무뚝뚝하고, 원래 그는 전화를 잘 하지 않으며, 원래 그는 바쁜 사람. 물론 그가 정말 그럴 수도 있지만 이런 것들은 상황에 따라 얼마든지 변할 수 있습니다. 사실 여자에게 홀딱 반한 남자는 여자 못지않게 통화를 오래 하는 것을 좋아합니다. 여태까지 한 번도 여자와 길게 통화를 해본 적이 없는 남자라도 나로 인해 충분히 그렇게 될 수 있습니다.

이제 연애한 지 100일이 되어간다면 결혼생활로 치자면 신혼이나 다름없는, 한참 깨가 쏟아지고 즐거워야 할 시기입니다. 그런데 K양은 혼자라는 생각에 외로워하면서도 남자친구가 그럴 만한 이유가 있다고 대신 변명해주고 있습니다. 두 마리 토끼를 다 잡을 수는 없습니다. 지금 남자에게 부담도 주고 싶지 않으면서 동시에 사랑과 관심을 받기 원합니다. 분명한 것은 이 두 가지는 공존하기가 매우 어렵습니다.

사랑에는 애정과 노력이 필요합니다. 이건 남자와 여자 그 어느 한쪽도 예외가 없습니다. 지금 말씀하신 상황으로만 보자면 남자친구분께서는 K양에게 조금 소홀한 것이 사실입니다. 오래된 연인이라면 그럴 수도 있지만 이제 막 100일이 된 연인에게 외롭다는 마음이 들게 할 정도면 이 연애는 분명 시간이 지날수록 더 많은 문제점을 갖게 될 것입니다.

남자친구 분께 부담을 주지 않겠다는 생각은 버리세요. 사람을 알게 되는 것 자체가 어떻게 보면 부담입니다. 부담이 되지 않기 위해 사라져줄 게 아니라면 차라리 부담을 주는 게 낫습니다. 아무리 바빠도 하루에 한 번 정도는 전화할 짬이 있습니다. 주말에 가족과 함께 보내더라도 그중 하루는 애인을 위해 보낼 수 있습니다. 그러니 그걸 요구하세요. 남자 분께 자꾸만 이해하는 모습을 보이면 그분은 K양이 전혀 불만이 없는 줄 알고 그저 자기 생각만 할 것입니다. K양이 이렇게 허전해하고 외로워한다는 걸 안다면 분명 남자 분의 태도는 달라집니다.

단, 표현을 최대한 부드럽게 했음에도 넌 여자가 왜 이렇게 피곤하게 구냐는 식으로 나온다면 둘의 관계에 대해 다시 생각해보시기 바랍니다. 연애는 절대로 처음부터 오래된 가족처럼 편하기만 할 수는 없습니다. 서로 노력하고 애써야 하는 부분이 분명히 존재합니다. 하지만 남자친구가 아무 노력도 하지 않고 전혀 신경도 쓰지 않아도 되는 여성상을 원한다면 그건 문제가 있습니다. 그렇게 있는지 없는지 모를 남자친구 스타일은 아예 여자 친구를 두지 않는 게 맞습니다. 만약 그가 K양을 사랑한다면, 단지 몰라서 못했을 뿐이라면 K양의 조근조근한 설명에 많은 걸 느끼고 또 달라질 것입니다.

CHAPTER 2

섹스,
연애의 목적

연애, 섹스하지 않는
밤은 깊다

사랑하는 남녀가 어느 순간부터 한 방, 한 이불 속에서 잠을 자면서 늘 해오던 섹스를 하지 않는 것은 어딘가 모르게 조금 이상한 일이다. 남자들은 모르겠지만 여자들은 그게 아무리 작은 변화라고 해도 꽤 민감하다.

이를테면 예전에는 길을 걸을 때 그가 먼저 손을 잡았는데 언제부턴가 그냥 걷는다든가, 아니면 커피숍에서조차 떨어져 있기 싫어 늘 옆에 앉았는데 맞은편에 앉는 그를 볼 때 여자들은 생각한다. 변했구나, 이제는 사랑이 일상이 되어가고 있구나.

평생 설레는 감정을 갖고 살 수는 없다. 설레는 건 정상이 아니기 때문이다. 계속 그렇게 흥분된 채 가슴 뛰다가는 심장에 무리가 올지도 모른다. 그래서 사랑을 뇌의 변화로 설명하는 사람들은 유효기간이 3개월이라고 말한다. 그때가 되면 흥분을 안겨주던 도파민Dopamine의 분비가 현저하게 줄어들기 때문이다.

설렘이 어느 순간부터 평범으로, 그리고 무덤덤으로 넘어가는 순간을 지켜보는 것은 가슴 아프다. 예전에는 같이 눕기만 해도 그의 심장이 저렇게 빨리 뛰다가는 터지지 않을까 싶었는데, 그리고 내 빠른 호흡과 심장 소리 때문에 그가 내 마음을 다 알아차리지 않을까 싶어 숨 쉬는 것조차 조심했다. 그런데 어느 날부턴가 그의 심장은 조용히 뛰고 더 이상 그는 나와 함께 하기를 원하지 않는다. 함께 보내는 밤마다 꼭 섹스를 해야 하는 건 아니지만 그냥 넘어가는 날이면 마음 한구석이 허전하다. 그건 꼭 섹스를 하지 않아서가 아니라 이제 나와 함께 있어도 섹스를 하고 싶지 않구나, 혹은 이제 더 이상 내가 여자로서의 매력이 없구나 하는 생각이 들기 때문이다.

그렇게 되면 별로 하고 싶지 않음에도 그가 너무나 하고 싶어 해서 응해준 섹스가 그리워지기도 한다. 어쩌면 섹스가 아니어도 좋다. 그저 달콤한 키스 한 번, 팔베개, 그리고 따뜻하게 안아주는 것, 그것으로도 충분하다. 그렇지만 이미 섹스에 관심이 사라진 남자들은 어지간해서는 저런 따뜻한 배려를 하지 않는다. 그들은 그렇게까지 섬세하지 않다. 여자들이 싫어하는 남자는 섹스를 못하는 남자가 아니라, 오히려 끝내주는 테크닉으로 여러 번 오르가슴을 느끼게 해주지만 섹스가 끝나자마자 등을 돌리고 코를 골며 자버리는 남자이다.

여자에게 섹스는 단지 쾌락이 전부가 아니다. 섹스는 감정이고 그와 함께 몸으로 나누는 대화이다. 무언가 토론을 하지도, 결론을 내리지도 않는 대화, 그렇지만 나누지 않을 수 없는 대화 말이다.

꽤 오래된 연인이 잠을 잤다. 그 전날도 그 전전날도 함께 잤다. 그동안 이 연인은 섹스를 딱 한 번 했다. 그것도 서로가 원해서 한 게 아니라 낮에 드러누워 텔레비전을 보다가 그저 장난을 치다가 시작된 섹스였다. 섹스는 시계를 보지는 않았지만 3분도 채 걸리지 않았다.

여자에게 섹스를 얼마나 오래하는가는 중요치 않다. 흔히 남자는 오래할수록 여자가 좋아한다고 생각하는데 그건 착각이다. 하지만 섹스타임 3분은 실제 피스톤 운동 시간을 제외한다면 전희 같은 건 전혀 할 수 없는 짧은 시간이다. 전희가 없는 섹스는 마치 근사한 레스토랑에서 앉자마자 숨 돌릴 틈도 없이 스테이크를 썰어 우걱우걱 퍼넣는 것과 같다. 분명 식사를 하긴 했지만 하고 나면 어쩐지 밥을 먹었다는 행위가 동물적으로만 느껴지는, 그래서 애피타이저와 후식을 먹는 사람들을 보면 약간은 부끄러운 생각이 드는 그런 일 말이다.

이제 더 이상 여자 친구를 안지 않는 그 남자. 물론 요즘 회사일이 바쁘고 상사들이 마련한 이런저런 모임에 불려 다니느라 피곤한 건 알지만 그래도 여자는 서운한 마음을 누를 수가 없다. 한때는 나도 그를 달뜨게 한 여자였다는 것을, 보기만 해도 만지고 싶고 안고 싶어서 견딜 수 없어 했다는 것을 먼 과거의 일처럼 기억한다는 것은 여자로서 참 마음 아픈 일이다. 섹스를 하지 않아도 그가 예전처럼 잠들기 전에 이마에 키스를 해줬더라면, 그리고 팔을 이마에 올리는 대신 팔을 내 목 안으로 집어넣어 팔베개를 해주었더라면, 여자들은 좀 더 행복한 기분을 느낄 수 있을 것이다.

섹스를 얼마나 많이 또 자주 하는가가 사랑의 척도가 될 수는 없지만 여자들은 거기에서 뭔가를 읽어낸다. 단지 오래 하는 섹스, 한 번 했다 하면 혼을 쏙 빼놓을 황홀한 섹스를 바라기보다는, 남자들이 자신의 여자에게만큼은 존경받기를 원하는 것처럼 여자들은 자신의 남자에게만큼은 세상 그 누구보다 사랑받고 싶어 한다. 그리고 그 사랑은 가끔 섹스와 팔베개, 다정한 키스와 포옹으로 표현되기를 바란다. 오랜 시간이 흘러도 여전히 그를 흥분시키는 사람이기를, 옆에 있으면 사랑스러워서 머리라도 쓰다듬어주고 싶은 사람이기를 바란다. 여자들은 단지 섹스를 하지 않는 밤이어서 문제가 아니라 그렇게 섹스를 하지 않아도 되는, 그게 아무렇지 않게 익숙해지고 덤덤해지는 순간이 오는 게 두려운 것이다.

우리가 그 밤이 깊고 허전한 것은, 이제는 그가 예전 같지 않다는 서글픔과 함께, 내 옆에 있는 이 남자가 날 사랑하는 사람이 맞나 하는 의문이 고개를 들기 때문이다.

섹스에도
대화법이 있다

여자들이 제일 싫어하는 섹스에 대해서 상담하다 물어보면 서로의 살이 닿는 소리와 숨소리만 방 안 가득 터질 듯한 그런 조용한 섹스라고 많이들 이야기한다. 과거에 신음 소리를 내는 것이 아직 익숙하지 않았을 때야 조용히 섹스하는 게 당연하다고 생각했지만 요즘은 아니다. 살색이 많이 등장하는 영화에서 왜 그렇게 여자들이 잠시도 쉬지 않고 신음 소리를 낼까? 그건 영화를 만드는 사람, 보는 사람 모두 남자이기 때문이다.

섹스는 몸과 몸이 만나서 나누는 대화이니만큼 몸에 있는 다른 기능들도 섹스에 동참시켜야 한다. 입술, 가슴, 엉덩이, 성기만 섹스한다고 생각하면 오산이다. 그 외에도 다른 요소들이 있다. 우선 시각적으로는 불을 완전히 다 끄는 것보다는 약간의 조명을 이용하는 게 좋다. 환한 대낮처럼 불을 밝힐 것까지는 없지만 완전한 암흑 속에서 섹스한다는 것은 그만큼 시각적 자극을 받지 못한다. 단, 시각적 흥분은 쉽게 익숙해지고 질려버린다. 시각적으로 여자들보다 훨씬 빨리 지겨움을 느끼는 남자들이 자신의 애인보다 훨씬 덜 예쁜 여자와 바람을 피우는 이유가 바로 이런 것 때문이다. 그들은 좀 더 예쁜 여자를 찾는 게 아니라 늘 보던 여자가 아닌 다른 여자를 찾는 것뿐이다.

그리고 또 한 가지가 바로 청각이다. 여자들이 신음을 내는 이유는 신음이 절로 뱉어질 정도로 좋아서라기보다는 청각으로 상대와 자신을 자극하기 위해서이다. 하지만 한 상대와 섹스를 오래 하다 보면 결국에는 이 신음도 그다지 자극적이지 못하다.

그렇다면 남은 것은 말, 즉 대화이다. 대한민국 남자들이 섹스할 때 가장 많이 시도하는 대화는 딱 한 가지 "좋아?"이다. 이건 여자들이 섹스했던 남자들에게 단 한 번도 듣지 않은 적이 없을 정도로 보편화된 말이다. 물론 과거처럼 여자를 만족시켰느냐 그렇지 않았느냐를 척도 삼아 섹스가 끝나고 난 다음에 묻는 촌스러움에서 벗어났지만 어찌 되었건 섹스 도중에 가장 많이 하는 말에는 틀림없다.

그럼 '좋아?' 외에는 적당한 말이 없을까? '좋아?'라는 말이 나쁘지는 않다. 하지만 그 말은 너무 바닥이 빨리 드러난다. "좋아?"라고 남자는 간단하게 물었는데 여자가 남자를 흥분시킨답시고 "응, 너무 좋아. 특히 자기 혀가 내 구석구석을 훑고 지나가면 까무러칠 것 같아"라고 길게 말할 수도 없다. 그저 약간의 신음과 함께 "응" 혹은 약간 길게 "응. 너무 좋아" 정도의 답변이 전부이다. 이 정도는 섹스 중의 대화라고 하기에도 민망하다.

섹스 중의 대화는 현실에서의 대화와는 좀 다르다. 목소리도 다를뿐더러 큰 소리로 말하지 않아도 된다. 조금은 나른한 목소리로 그리고 속삭이듯이 상대방의 귀에 숨결을 불어넣으며 말하는 게 가장 좋다. 그럼 무슨 말을 어떻게 숨결과 함께하냐고?

아마도 가장 좋은 말은 상대방에 관한 칭찬일 것이다. 당신의 피부는 너무 부드러워서 실크 같다, 당신의 몸은 따뜻해서 좋다. 당신의 가슴에 하루 종일 키스하고 싶다 등. 찾으면 좋은 말들은 얼마든지 많다.

피해야 할 말은 명령조의 말이나 좀 똑바로 하란 식의 말이다. 자세를 바꾸는 데 있어서 "허리 좀 들어봐봐" 하고 신경질적으로 말한다거나, 아니면 "지금 장난하냐?" 같은 힐책의 말을 하느니 차라리 숨소리만 가득한 섹스가 몇 배는 더 낫다.

그리고 가장 중요한 것은 음담패설과 섹시한 말의 구분이다. 상담 중에 한 상담녀의 남자친구는 그야말로 음담패설의 대가였다. 혼자 마스터베이션하면서 뱉어야 할 말들을 여자친구에게 고스란히 했던 것이었다. 성기를 지칭하는 말 중에서도 가장 천박스러운 말을 했다. 그런 말을 듣고 있노라면 그녀는 길거리 여자라도 된 기분이라고 했다. 더 큰 문제는 자기만 하고 그치는 것이 아니라 그녀에게도 똑같은 말을 해줄 것을 요구하는 거였다.

나의 충고 때문인지는 몰라도 결국 얼마 가지 않아서 그들의 관계는 끝이 났다. 아마 육체적으로는 만족스러웠을지 모르겠지만 정신적으로는 거의 고문에 가까웠을 것이다. 물론 두 사람 다 음담패설을 즐긴다면 상관없겠지만 둘 중의 한 사람이라도 거부감을 가지고 있다면 그런 대화는 안 하느니만 못한 결과만 낳을 뿐이다.

섹스 중에 상대를 위한 대화를 나누고 싶다면 마주보고 눕지 말고 애인의 등 뒤에서 귀에 대고 부드럽게 속삭여보길 바란다. 오늘따라 널 무척 안고 싶다든가 혹은 이 세상에서 가장 섹시한 건 너라든가. 이런 대화로 시작된 섹스는 그 어느 때보다도 만족을 안겨줄 것이다. 다른 자세, 다른 테크닉 혹은 다른 장소만이 섹스를 색다르게 해주는 건 아니다.

지금까지 그저 입 꾹 다물고 왕복운동만 열심히 했다면 한 번쯤은 섹스 도중 대화법을 시도해보길 바란다. 아마 신음과는 또 다른 섹시한 느낌을 서로 주고받을 것이다.

잘하는 남자의
진짜 기술

솔직하게 '섹스 잘하는 남자'를 객관적으로 정의할 자신은 없다. 그 방면에 무슨 기준이 있는 것도 아니고, 그렇다고 수많은 여성과 인터뷰해서 상중하로 구분할 만큼 통계를 낸 것도 아니기 때문이다. 다만 내 경험과 주변의 몇몇 지인이 하는 이야기를 종합해서 잘하는 남자와 못하는 남자, 그리고 그럭저럭인 남자를 나름대로 정의해보겠다.

당연한 말이지만 섹스는 혼자 하는 게 아니다. 사실 둘 중에 한 사람이 섹스의 달인이더라도 상대가 단 한 번도 섹스를 해보지 않았거나 섹스에 전혀 흥미가 없다면 그들이 최고의 섹스를 즐길 확률은 거의 희박하다. 처음 경험한 여자가 남자의 기술이 좋다고 해서 황홀해 한다든가, 전혀 흥미가 없었는데 갑자기 섹스에 눈을 뜨는 경우는 거의 안 일어난다고 보는 게 맞다.

그럼에도 섹스를 이야기할 때 여자의 능력보다는 남자의 능력에 대해 더 많이 이야기한다. 섹스의 능력에서조차 남녀가 평등하지 않은 것이다. 심지어 남성의 판타지에 가장 잘 부합되도록 만든 포르노 비디오에서조차 여자들의 역할은 남자에 비해 그렇게 크지 않다. 오히려 현실에는 있을 것 같지도 않은 변강쇠 같은 남자가 등장해서 해도 해도 지치지 않는 모습만 보여준다.

게다가 그들의 물건은 남자들의 기를 죽이기 딱 좋을 만큼 거대하기까지 하다. 그걸 보고 있노라면 여자들이 좋아서 신음을 내는 게 아니라 아파서 신음을 내는 게 아닐까 하는 생각이 든다. 안 그래도 사이즈 콤플렉스에 시달리는 남자들이 많은데 포르노에 등장하는 남자들이 상상 이상의 사이즈를 가졌다는 건 참으로 아이러니한 일이다(물론 포르노에 등장하는 남성에게 자기 자신을 투영해서 대리만족을 느낄 수도 있겠다).

그럼 섹스 못하는 남자는 어떤 남자일까? 일단 자기 혼자 잔뜩 흥분하는 남자다. 자기가 흥분하면 상대방은 당연히 따라서 흥분할 거라고 생각한다. 물론 어느 정도는 맞다. 무척 흥분한 상대방을 보면 이쪽도 어느 정도는 흥분이 된다. 그러나 그건 어디까지나 익숙한 사이일 때 혹은 사랑하는 사람일 때의 이야기다. 상대방만 일방적으로 흥분하는 걸 봤을 때 여자들은 좋게 봐줘도 '쟤 왜 저러냐?' 하는 생각만 든다. 최악의 상황이라면 변태로 내몰릴 확률도 적지 않다.

또한 못하는 남자들의 삽입 기준은 오로지 '젖었다'에 있다는 것이다. 어째서 남자들은 여자의 성기가 조금만 촉촉해져도 섹스할 만반의 준비가 되었음은 물론이고, 정신적으로도 섹스하기에 매우 적합할 만큼 최고조로 흥분된 상태라고 생각하는 걸까? 성기가 젖는다는 것은 아주 흥분했을 때도 그럴 수 있지만 정말 아무 생각 없이 기계적인 애무로 젖을 때도 있다. 그렇다면 삽입 자체는 가능하겠지만, 그 이상도 그 이하도 아니다.

그러나 다급한 남자들은 젖기만 하면 바로 들이민다. 빼는 시늉이라도 하면 "젖었는데 왜 이래?" 하며 마치 왜 이제 와서 내숭이냐는 듯이 책망한다. 강간범들은 흔히 자신의 무죄를 주장할 때 상대 여성도 젖었고 자신을 원했다는 헛소리를 지껄인다. 정말이지 갑갑함을 넘어 화가 치미는 말이다. 여성의 몸에 대해 얼마나 무지하면 저런 헛소리를 할 수 있을까(남성 판타지물의 가장 큰 문제점은 뭐니뭐니 해도 강제 성교의 미화이다. 강제로 하더라도 잘만 한다면 여자들은 좋아한다든가, 여자들도 누군가가 자신을 강간해주길 바란다는 것이다)?

섹스를 못하는 남자는 어디 가서 참 본 것도 들은 것도 많다. 그래서 그들은 다양한 체위와 언어와 애무를 구사한다. 그런데 뭐랄까? 그 사이사이의 간극들이 자연스럽게 이어지는 게 아니라, 꼭 체육 교과서에 나오는 한 장면을 보고 그대로 따라 하는 것 같다. 소위 이렇게 하면 여자가 뻑이가게 좋아하더라를 아는 한도 내에서 모두 나열한다.

하지만 섹스는 어느 한쪽이 서비스를 제공하고 한쪽은 그 서비스를 받으며 좋아하는 것이 아니다. 서로 비슷한 정도의 목소리를 내야 조화를 이루는 합창처럼 둘은 서로의 몸이 하는 말에 귀를 기울일 필요가 있다. '넌 그냥 내 기술이나 즐기도록 해'는 섹스가 아니다. 그러나 못하는 남자들은 자기가 대단히 섹스를 잘한다는 착각 속에 빠져서 여자의 몸이 내는 목소리를 들으려고 하지 않는다. 오직 자기 목소리를 내기에만 급급하다. 그러면서 끊임없이 묻는다.

"어때? 나 잘하지?"

정말 저렇게 묻는 인간들이 있느냐고? 나는 확실하게 대답할 수 있다. 아주 많다고.

어쩌다 이들과의 섹스 도중 흥이 깨져서 혹은 더 이상 하는 건 무의미하다 싶어서 그만 하자고 했을 때 이들의 반응 또한 끝내준다. '너만 재미 보면 다냐'는 식이 십중팔구다. "나도 전혀 재미 안 봤거든!" 하고 대꾸해주고 싶지만 차라리 입 다물고 너랑은 오늘이 끝이라고 다짐하는 게 속편하다. 그러나 남자는 그걸 모르고 질기게 들러붙는다. 한 번 삽입했으면 어떻게든 사정을 해야 한다고 생각한다. 남자들이 사정을 해야 섹스한 느낌이 든다는 점은 인정하지만 그게 어떤 상황과 여건에서든 반드시 충족되어야 하는 듯 구는 건 정말이지 짜증난다. 그건 사정이라는 표현도 써주고 싶지 않다. 단지 싸는 행위, 그게 전부다.

포르노에서 혹은 친구들이 말하는 방법들이 모든 여자에게 다 통하는 마법은 아니다. 아니, 아예 그런 건 세상에 존재하지 않는다고 봐야 한다. 그런데 그들은 반드시 좋아해야 하는데 안 좋아하는 너는 이상한 여자, 심지어는 불감증이 아니냐고까지 말한다. 그들이 말하는 방법이 어느 정도는 미약하나마 효과가 있을지도 모르지만 이쪽의 목소리를 무시한 채 나열해대는 섹스의 기술은 아무 소용이 없다. 설사 그걸로 다른 여자를 여럿 흥분시켰다고 해도 말이다(그런데 어쩌면 그녀들도 그 남자를 배려하느라 혹은 그저 빨리 끝내버리려고 흥분한 척을 하는 건 아닌지).

섹스를 못하는 남자는 섹스하는 도중보다 어쩌면 섹스가 끝나고 난 다음 더 확연하게 티가 난다. 그들은 어디서 자신의 체액이 묻은 여자의 성기를 티슈로 닦아주는 것이 매우 신사답다는 교육을 받고 왔는지, 티슈를 뽑아 들고는 여자의 다리를 척 벌리려고 한다. 섹스 때야 눈으로 보기도 하고 심지어 만지고 키스하기까지 하지만, 막상 섹스가 끝나고 나면 자신의 벗은 몸을 본능적으로 가리는 게 여자다. 섹스 후 성기를 덜렁거리며 누드로 온 방을 돌아다니는 남자들과는 분명 다르다. 그러나 남자들은 '이미 볼 장 다 본 사인데 뭘'이라는 듯 조금의 부끄러움도 허용치 않는다. 만약 상대와 그렇게 친밀한 사이가 아니라면 티슈로 닦아주는 것은 실례이다. 티슈를 건네는 정도가 제일 좋다. 물론 분위기로 봐서 여자가 괜찮아 한다면 닦아줘도 무방하다.

섹스가 끝나고 나서 네가 먼저 씻을래? 내가 먼저 씻을까? 혹은 말없이 욕실로 후다닥 뛰어가는 남자들은 이제 그렇게 많지 않다(온갖 매체에서 섹스 후 가장 재수 없는 형태로 많이 꼬집었다). 그렇지만 다정하게 안아주거나 섹스와는 무관한 가벼운 대화를 시도하는 남자들 또한 별로 없다. 여자들이 생각하는 가장 이상적인 남자는 섹스 후에 안아주면서(혹은 팔베개를 해주면서) 섹스가 아닌 다른 이야기를 조곤조곤 자연스럽게 하는 남자이다.

그러나 대부분의 남자는 일단 담배에 불을 붙이고 침대에 비스듬히 누운 채 좀 전의 섹스에 대해서 이야기한다. 섹스할 때 대화가 필요한 건 사실이지만 섹스가 끝난 후에도 섹스에 대해 계속 이야기할 필요가 있을까? 더구나 방금 끝낸 섹스를 무슨 품평회하듯 하는 대화는 더더욱 거절하고 싶다.

잘하는 남자는 위에서 나열한 이런 것들만 피해가도 충분히 될 수 있다. 기술이 좋다든가 다양한 체위를 아는가는 별로 중요치 않다. 중요한 건 여자의 몸이 하는 목소리에 얼마나 귀를 기울이고 그 분위기를 읽으려고 애쓰는가이다.

어떤 섹스를
좋아하세요?

언젠가 지인과 온라인상으로 대화하다가 섹스에 관한 이야 기를 하게 되었다. 그 지인은 내가 연애 칼럼도 쓰고 또 섹스에 대해 꽤 개방적이고 많은 것을 알고 경험했을 것이라 짐작했는 지 오럴섹스Oral sex를 할 때 어떤 걸 이용하느냐 물었다. 그때 난 "오럴섹스에 뭘 이용하다니?" 하고 반문했고, 지인은 농담하는 줄 알았던 내가 정말 무슨 말인지 못 알아듣자 그제야 설명을 시작했다. 여름이면 오럴섹스할 때 얼음을 물고 하면 좋고 가 끔 가그린을 입에 물고 해도 괜찮다고(세상에! 그 화끈거리는 가 그린을 그런 용도로 쓰다니!). 여태 오럴섹스 때 필요한 건 입과 그 안에 있는 타액이 전부라고 생각했다. 영화에 나오는 생크림

정도만 알고 있었다.

연애상담을 해보면 대부분의 여자는 섹스에 있어서 보수적이다. 좀 체위가 이상하다 싶으면 이내 섹스에 몰입하지 못하고 오직 이 체위를 내가 제3자의 입장에서 보게 된다면 얼마나 괴상할까 하는 생각뿐이다(물론, 다양한 체위를 좋아하는 여자들도 많다). 거기다 포르노에서 성기섹스만큼이나 자주 등장하는 애널섹스Anal sex에 대해서는 거의 공포에 가까운 거부감이 있으며 오럴섹스도 별로 좋아하지 않는다.

더 정확하게 말하자면 해주는 쪽은 괜찮지만 누군가가 해주는 걸 원치 않는다. 알다시피 여자의 성기는 남자와 구조가 달라서 사정 이외에도 분비액이 있다. 오럴섹스를 하면 이 액체를 먹게 되거나 적어도 맛보게 되는데 그게 이루 말할 수 없이 불편하다. 더구나 여자들은 성기 특유의 냄새 같은 게 나면 어쩌나 하는 생각에 이르면 누가 자신의 성기를 만지는 것마저도 불편하다. 아무리 깨끗하게 씻어도 여전히 남아 있는 찝찝함 때문이다.

어떤 책에서 이런 글귀를 읽었다. 남자는 섹스할 때 너무 아무 생각이 없어서 탈이고 여자들은 반대로 너무 많은 생각을 해서 탈이라고. 남자의 경우는 내가 남자가 되어본 적이 없으니 저 말이 사실인지는 모르겠지만(지켜보기에는 저 말이 맞는 것 같지만 막상 보기와 다를 수도 있으니 역시 알 수 없는 일이다) 여자들은 확실하다. 여자는 어느 정도 상대방에게 익숙해지기 전까지 내 가슴이 작다고 느끼지 않을까, 누우면 뱃살이 옆으로 퍼져서 뚱뚱해 보일 텐데, 등에 있는 사마귀는 좀 보지 않았으면 좋겠는데 등등, 온갖 생각을 다 한다. 그러느라 정작 섹스 자체는 어떻게 시작해서 어떻게 끝이 났는지 잘 모르는 경우가 많다. 너무 많은 생각으로 인해 생긴 터부이다. 순간에 몰입하고 그 순간을 옴팡지게 즐기겠다는 마음만 먹으면 나를 포함한 여자들이 좀 달라질지도 모르겠다.

사실 같은 여자들끼리도 섹스에 관한 대화를 나누기는 하지만 오럴섹스라든가 애널섹스 같은 부분에 대해서는 함구한다. 따라서 이 친구가 그걸 즐기는지 혹은 어떤지는 알 길이 없다. 어제 어떤 남자를 만났는데 끝내주더라는 이야기는 할망정, 정확하게 어떤 부분을 어떻게 끝내줬는지는 말하지 않는다. 어쩌면 그건 남자들도 마찬가지이다. 다정하게 살색 많은 잡지나 포르노를 함께 보더라도 정작 자신의 섹스 스타일에 대한 이야기는 하지 않는다.

아직까지 우리나라는 섹스에 있어서만큼은 무척 보수적이고 또 과도기에 놓여 있다. 가까운 일본만 하더라도 섹스가 너무 자연스러운 나머지, 길 가는 여고생이 엄청 짧은 치마를 입고 자전거를 탄다 하더라도 아무도 그걸 이상하게 쳐다보거나 하지 않는다. 다방 언니가 미니스커트에 오토바이만 타도(당연하지만 팬티 따위는 절대 보이지 않는다) 힐끔거리고 난리가 나는 우리와는 무척 다르다. 자꾸만 감추고 숨기기 때문에 기회가 생기면 최대한 보려고 한다.

언젠가 우리도 음성적으로만 쉬쉬하지 않고 섹스가 어두컴컴한 골방에서 걸어 나와 햇볕에 보송보송 말려질 즈음에는 오럴섹스를 싫어하는 여자들의 모임, 오실모 따위를 만들지도 모르겠다. 그래서 모든 포르노와 모든 남성의 머릿속에 당연하게 들어앉은 성적 행위를 어떤 사람들은 싫어함을 넘어 혐오할 수도 있다는 것을 받아들이는 날이 오면 좋겠다.

브라보
마이 섹스

세상의 모든 일이 다 그렇듯 반복되면 익숙해지고, 익숙해지면 어느새 지겨워지기 마련이다. 섹스도 그렇다. 매번 파트너를 바꿔가며 섹스를 한다면야 크게 지겨울 일이 없겠지만 대부분은 한 사람과 섹스를 한다. 처음에야 손만 잡아도 가슴이 뛰고 같이 밤을 보낸다는 생각만으로도 설레겠지만 시간이 지날수록 그런 감정은 점점 옅어진다.

육체와 정신은 떼려야 뗄 수 없는 관계인 만큼, 이렇게 육체적으로 서로에게 익숙하다 못해 지겹다고 느껴질 쯤에는 정신 또한 육체를 따라가기 마련이다. 사귀는 사람이 있어도 다른 이성에게 한눈을 파는 건, 더 많은 이성을 사귀기 위해서가 아닌 처음의 설렘을 다시 한 번 느끼고 싶기 때문이다.

익숙함이 편안함과 안락함으로 연결만 된다면 아무 문제가 없겠지만, 섹스는 편안한 것과는 거리가 멀다(이건 섹스가 불편해야 한다는 말은 아니다). 설사 서로의 관계가 편해지더라도 섹스만큼은 안락함, 편안함, 익숙함보다는 새로움과 설렘을 더 필요로 한다. 만약 최고의 섹스가 편안함과 익숙함이라면 이 세상의 모든 기혼남녀는 절대로 바람을 피우지 않을 것이다. 세상에서 가장 편하고 익숙한 섹스 상대와 결혼을 했고, 마음만 먹으면 매일 밤 편안하고 안락하게, 또 익숙하게 섹스할 수 있는데 왜 바람을 피우겠는가.

수많은 에로영화에서 주인공의 섹스 상대는 언제나 잘 모르는 미지의 인물이다. 잘 모르는, 신비하고 새롭고 두근거리는 상대와의 섹스. 현실에서는 결코 일어나지 않지만 사람들이 품은 환상이 무엇인지를 영화는 극명하게 보여준다. 에로영화는 모든 판타지가 그러하듯 현실과 한참이나 동떨어져 있다. 수많은 영화에서 나오는 원나이트 스탠드? 그건 그저 마음만 먹는다고 되는 게 아니다.

연인들이 어느 정도 사귀기 시작하면 각종 기념일이 생기고 그럴 때 이벤트를 한다. 거창하지는 않더라도 어찌되었건 평소와는 좀 다르게 하루를 보낸다. 선물과 근사한 곳에서의 식사,

거기다 좀 더 애를 쓴다면 차 트렁크에 수소 풍선을 넣어뒀다가 연인 앞에서 짠 하고 띄우기도 한다. 이런 이벤트들은 점점 익숙해져가는, 그래서 어느덧 권태로워지려는 둘 사이를 다시한 번 팽팽하게 조여준다.

그렇다면 익숙해져서 조금 지겨워지려는 섹스는 어떻게 대처해야 할까? 같은 상대와의 섹스가 언제부터 지겨워지기 시작하는지 그 시기는 정확히 알 수 없지만 대략 1년이 지나면 섹스에 슬슬 권태로움이 찾아온다고 한다. 물론 그 1년이 1주일에 한 번 정도 만나서 섹스하느냐 혹은 마음만 먹으면 언제든지 섹스할 수 있느냐에 따라 다르겠지만 후자의 경우라면 1년 정도가 한계다. 그때 새로운 섹스 상대를 찾아 권태를 극복한다면 가장 좋겠지만, 만나던 사람이 단지 섹스 파트너가 아닐 경우에는 그것도 쉽지 않다.

그럴 때는 색다른 시도, 즉 약간의 도구를 이용하는 것이 좋다(도구라고 해서 반드시 채찍이나 수갑을 의미하는 건 아니다. 물론 그걸 사용할 수도 있겠지만). 색다른 시도라면 자세 정도가 있을 텐데, 사실 1년 정도 섹스한 사이라면 이미 나올 자세는 다 나오고 써먹을 개인기도 더 이상 없을 것이다. 그렇다고 가히 기인열전이라 불러도 손색이 없을 만큼 난해한 자세를 취하거나 평소 두 사람의 섹스 스타일과 너무도 동떨어진 시도를 하면 어디 아픈가 내지는 다른 섹스 상대에게 배우지 않았나 하는 의심만 받는다. 가장 간편하고도 쉬운 방법은 역시 도구의 이용이다.

그렇다면 어떤 도구를 써야 할까? 처음 색다른 섹스를 시도한다면 매우 가벼운 것, 이를테면 생크림과 눈가리개 정도가 좋다. 생크림의 경우 상대의 몸에 생크림을 바르는 것에서 출발한다. 실제로 뭔가를 몸에 발라서 먹는 것과 그저 시늉만 하는 것과는 느낌상 분명히 차이가 있다. 그리고 실제 육체로 느끼는 차이보다는 기분이 더 크게 작용한다. 요즘은 바르는 초콜릿 같은 게 나온다고 하니 그걸 이용해도 괜찮을 것이다. 미키 루크가 되어 냉장고 앞에 연인을 앉혀놓고 온갖 음식으로 다 시도할 필요는 없지만, 적어도 생크림이나 몸에 바르는 초콜릿 정도라면 별 거부감 없이 시도해볼 만하다.

다음은 눈가리개의 이용에 대해서 이야기해보겠다. 눈가리개는 한 사람만 눈을 가리고 나머지 한 사람은 눈을 가리지 않아야 한다(둘 다 장님놀이를 할 게 아니라면 당연하다). 이때 불을 끄면 아무 의미도 없다. 꼭 은은하게나마 조명을 켜야 한다. 눈을 가리는 쪽이 되어도 혹은 눈을 가리지 않는 쪽이 되어도 평소보다 흥분되기는 마찬가지일 것이다. 일단 눈을 가린 쪽은 여러 가지 상상을 하게 된다. 나는 볼 수 없지만 상대방은 나를 지켜볼 수 있는 물리적 상태는 이상하게도 무척 섹시한 기분이 들게 한다. 거기다 상대의 행동을 전혀 예측할 수 없다는 것도 큰 장점이 된다. 상대방에게 완전하게 컨트롤당하는 느낌을 경험할 수 있다.

반대로 눈을 가리지 않는 쪽은 섹스의 주도권을 잡을 수 있다는 점 때문에 섹시함을 느낀다. 실제로 섹스할 때 주도권을 잡는 쪽이더라도 상대가 눈을 가려서 볼 수 없는 상황에서는 느낌이 다를 것이다. 그리고 섹스할 때 부끄러움을 많이 타서 불을 꺼야 했던 사람이라도 상대는 볼 수 없고 나만 볼 수 있을 경우 불을 켜는 것에 대한 거부감이 사라진다. 불을 켜고 섹스하면 어둠 속에서 실루엣만 겨우 보이던 때와는 또 다른 느낌이다.

생크림과 눈가리개는 비교적 안전하고 큰 거부감이 없는 도구이다. 난생처음 시도하더라도 상대 파트너에게 미쳤느냐 혹은 변태냐 하는 소리를 들을 염려는 전혀 없다. 처음부터 채찍이나 수갑 같은 걸 들이대봐라. 뭐라고 하겠는가? 색다른 섹스를 시도할 수 있다면, 다소 밋밋해진 섹스에 활기를 불어넣을 수 있다면 시도하지 않을 이유가 전혀 없다.

그리고 이 단계를 지났다면 남은 것은 코스튬 플레이_{costume play}다. 이것은 평소 환상을 품었던 제복을 상대방에게 입히거나 자신이 입는 것인데, 상대방이 이건 또 뭐냐고 느끼지 않을 만한 복장을 구해서 건네면 된다. 이를테면 가장 흔한 간호사복, 여고생 교복, 혹은 민속 의상으로 건너가서 기모노나 아오자이 정도면 훌륭하다. 여성들도 마찬가지이다. 상대 남성에게 슈퍼맨 복장이라든가 혹은 경찰복, 의사 가운 정도라면 충분히 시도할 수 있다. 의상을 구하기가 힘들다고 말하는데 그건 조금만 발품을 팔면 해결된다. 거리에는 제복을 맞춰 주는 곳이 무척 많다. 우리가 그냥 지나쳐서 그렇지, 혹시 종사하는 곳이 은행이라든가 무인방범업체 같은 곳이라면 애써 옷을 구할 필요 없이 그냥 회사에서 입던 옷을 들고 오면 된다. 단지 그 옷을 입고 일이 아닌 즐거움을 위한 놀이를 하는 것뿐이다.

어떤 사람들은 제복 판타지를 꿈꾸는 이들을 변태로 본다. 그것은 여자에게 교복을 입히는 것은 실제 여고생과 섹스를 하고 싶어 그런 것이 아니냐는 이유에서이다. 그것이야말로 가장 멍청한 오해이다. 상대는 여고생을 겁탈하고 싶으나 차마 그럴 사정이 안 되어서 여자 친구에게 여고생 교복을 입히는 게 아니라, 내 사랑하는 여자 친구가 교복을 입은 모습을 보고 싶을 뿐이다. 여자가 남자에게 제복을 입히는 것도 마찬가지이다.

단 주의할 점은 모든 놀이와 게임은 두 사람 다 충분하게 코스튬 플레이를 즐기고 싶을 때 합의하에만 이뤄져야 한다. 하다

못해 상대방을 때리면서 섹스를 즐기는 사람들도 서로 미리 정해놓은 신호들로 그 수위를 조절한다. 그러니 어느 한 사람이라도 거부감이 있다면 그건 더 이상 놀이도 즐거움도 아니다.

마지막으로, 이런 방법들은 서로 충분한 대화가 필요하다는 걸 말해주고 싶다. 사전에 어떤 대화나 설명도 없이 생크림과 눈가리개와 여고생 교복을 늘어놓는다면 여자들 중 열에 아홉은 '이 변태를 계속 만나야 하나'를 고민하게 될 것이다.

화해조차
몸으로 하는 남자들

흔히 부부 싸움은 칼로 물 베기라고 한다. 원래 뜻으로 따지자면 칼로 물을 베는 것만큼이나 소용없다는 의미지만 실제로는 조금 다르게 쓰인다.

남자들은 싸움을 하고 난 다음 화해의 제스처로 섹스를 이용한다. 물론 한참 신나게 싸우고 난 후, 정말로 섹스가 너무 하고 싶어서 하는 것은 아닐 것이다. 남자들은 그렇게 한 번 힘껏 안아주고 나면 여자의 마음이 어느 정도는 풀릴 것이라고 생각한다. 또 여자들은 남자들의 그런 마음을 알기에 어느 정도는 풀린 척을 한다. 아무리 죽네 사네 싸워도 한 이불을 덮고 자고 난 다음 날 아침에는 모든 게 용서된다. 하지만 싸움의 이유가 너무 뜸한 섹스 때문이 아니라면 섹스로 인해 싸움이 해결될 수는 없다.

싸움의 이유는 다양하다. 대부분 여자는 아주 사소하고 감정적인 것으로 마음이 상한다. 여자 역시 그게 얼마나 사소하고 감정적인지를 알기 때문에 불만이 있을 때 바로 말하지 못하고 쌓아둬 일이 더 커진다. 이를테면 예전처럼 전화를 자주 하지 않는다거나 혹은 사랑한다는 말을 하는 횟수가 현저하게 줄어들었다거나 하는 것들 말이다. 분명 서운하거나 속상한 일이긴 하지만 입 밖으로 꺼내기는 쉽지 않다. 만약 그런 문제로 싸움이 시작되었다면 화해의 제스처로 섹스는 최악의 수단이다.

감정적인 문제를 한 번의 물리적인 섹스로 덮는 게 가능하다면 애초부터 싸우지 않고 바로 섹스를 했을 것이다. 섹스가 너무나 뜸한, 그러니까 결혼 십 년차쯤 되는 부부라면 싸우고 난 다음 섹스가 어느 정도의 효과를 발휘할 수도 있다. 하지만 그 이전에는 싸움의 끝을 섹스로 마무리하는 것은 그다지 좋은 방법이 아니다. 차라리 그 시간에 조금 감정을 누그러뜨리고 대화를 시도하는 게 낫다.

가만히 보면 남자들은 말을 너무 하지 않는다. 특히 싸울 때 보면 여자의 말을 들어주기 위해 입을 다물고 있는 게 아니라서 끝나고 집에 가서 게임이나 했으면 좋겠다는 식의 침묵을

지킨다. 남자들은 말로는 여자를 못 당한다고 말한다. 그래서 가만히 있는 거라고 하지만 말로 먹고사는 직업의 대부분은 말로 우리를 못 당한다던 남자들이 갖고 있다. 그들은 못해서가 아니라 하고 싶지 않은 것이다. 입으로 하는 대화는 접어두고 몸으로 하는 대화만 나누고 싶은 것이다.

속궁합이라는 말이 있는 것처럼 남녀 사이에 섹스가 차지하는 비중은 무척 크다. 섹스 스타일이 잘 맞지 않거나 어느 한쪽의 불만이 큰 경우 관계를 지속하기는 상당히 어렵다. 하지만 섹스가 언제 어느 때나 문제를 해결해준다는 의미는 아니다. 싸우고 난 이후 섹스를 시도하는 남자들 역시 자신의 욕구를 채우려는 게 아니라 싸움의 마무리를 좋게 짓고자 하는 의도겠지만 안타깝게도 그들의 의도처럼 섹스로 화해할 수는 없다. 이건 마치 배고파 우는 아이에게 "그래, 잠이 오는구나. 얼른 자자"라고 말하는 것과 똑같다.

섹스를 절대 화해의 도구로 삼아서는 안 된다. 물론 섹스를 하고 나면 그 친밀감으로 당장은 싸우지 않겠지만 문제의 원인을 정확히 찾아 해결하지 않는 한 언젠가 문제는 또다시 수면 위로 떠오른다. 그때마다 싸우고 섹스하고를 반복한다면 이건 칼로 물 베기가 아닌 눈 가리고 아웅일 뿐이다.

실제로 어떤 조사에 따르면 많은 여자가 다툼 후에 하는 섹

스에서(남자의 요구에 의해) 성적 만족도는 고사하고 심한 모욕
감을 느낀다고 한다. 이런 상황에서도 계속 문제의 근본적인
해결보다는 빠른 화해법을 찾는답시고 섹스를 요구하는 남자
들이 아직도 많다고 하니 정말 한심할 따름이다.

남자에게
섹스의 주도권을
전적으로 넘겨주지 말자

여자는 섹스할 때 원해서 하기보다는 남자가 원하니까 하는 경우가 상당히 많다. 때로는 원하더라도 자존심이 상해서 자신이 먼저 다가가 안지 못하고, 혹시 밝히는 여자로 낙인찍힐까 봐 그를 안고 싶다는 말을 하지 못한다.

하지만 섹스란 두 사람 모두 좋아야 하는 게 맞는 거다. 내가 하기 싫은 날은 하지 않을 수도 있고, 또 반대로 내가 하고 싶은 날에는 먼저 하고 싶다고 말할 수도 있다.

다른 것은 죽도록 주도권 다툼을 벌이면서 유독 섹스만큼은 전적으로 그에게 일임하는 여자들, 무언가 잘못되었다고 느껴지지 않는가?

사실 남자들도 섹스 타이밍을 잘 맞추지 못해 고민하는 경우가 많다. 그녀가 하고 싶은지 혹은 하기 싫은지 도무지 말을 하지 않기 때문에 그들은 그저 감에 의존한다. 하지만 남자의 감이란 알다시피 여자의 그것보다 훨씬 떨어진다. 때문에 결과적으로는 둘 다 만족스럽지 못한 섹스를 하고서는 서로가 서로를 위해 봉사했다고 생각한다.

하지만 이제 여자들도 당당하게 섹스를 요구해야 한다. 여자라고 어디 섹스하고 싶은 날이 없겠는가. 그럴 때는 남자에게 조심스럽지만 확실한 신호를 보내는 것이 좋다. 이제 더 이상 섹스를 원한다고 해서 밝히는 여자로 오해받을까 봐 겁내지 말자. 사귀고 있고 이미 충분히 섹스를 나눈 사이라면 먼저 원한다고 해서 새삼스럽게 그걸 밝힌다고 욕먹을 일은 없다. 어쩌면 남자들도 여자들이 하고 싶을 때 솔직하게 신호를 보내주기를 원하는지도 모른다. 눈치가 우리보다 훨씬 없는 그들로서는 당연한 바람이다. 다른 모든 일은 서로 의논해서 잘만 하면서 왜 섹스 문제에 있어서만큼은 남자들이 그냥 알아서 해주길 바라는가. 그렇다고 알아서 해주는 그것에 영 불만을 품지 않을 것도 아니면서 말이다.

이제 섹스를 하고 싶으면 솔직하게 마음을 표현하자. 말로 하기가 어색하다면 둘만의 신호를 준비하는 것도 좋다. 예를 들자면 어떤 옷을 입고 나가면 하고 싶다는 뜻이라든가 식당에서 어떤 술을 주문하면 그게 오늘 밤 같이 보내고 싶다든가 하는 신호를 미리 약속해둔다면 "저기, 내가 오늘 하고 싶거든?"이라고 어색하게 말을 꺼내지 않아도 된다. 오히려 이런 신호는 더 섹시하게 느껴진다.

속궁합은 섹스가 잘 맞고 안 맞고도 물론 있겠지만 섹스하고 싶은 서로의 타이밍도 포함한다. 이 타이밍을 느낌으로 대충 알아맞히겠다고 생각하면 오산이다. 분명한 신호가 있어야 저쪽도 알아들을 게 아닌가. 그냥 마음속으로만 하고 싶다고 외치고 유달리 코맹맹이 소리를 낸다고 해서 둔한 남자들이 알아차릴 리 만무하다.

오늘만큼은 집에 안 들어가려고 일부러 속옷도 제일 예쁜 걸로 아래위 세트로 맞춰서 입었는데 밥 먹고 영화 보고 차 한 잔 마신 후 곱게 나를 들여보내주는 그에게 내 마음을 모른다고 속상해하지 말자. 이쪽에서 아무런 신호도 보내지 않았는데 그가 SOS 구조 요청이라도 받은 양 내 마음을 알아차리길 바란다는 건 무리다.

Q&A

Q 저에게는 만난 지 1년이 다 된 남자친구가 있어요. 그런데 제가 키스까지만 허락한 상태입니다. 사실 그는 여러 번 저를 원했지만 저는 도저히 그렇게 할 수가 없었습니다. 이 시대에 혼전순결을 말한다면 아마 정신이 어딘가 이상한 여자로 생각하겠지만 전 정말이지 결혼하기 전까지는 섹스를 하고 싶지 않습니다. 요즘 들어 그는 저에게 자주 신경질을 냅니다. 이유는 다 다르지만 제가 생각하기에는 아마 섹스 때문인 것 같습니다. 그와 저는 정말 잘 맞는 연인 사이입니다. 그런데 섹스 문제로 헤어지고 싶지는 않습니다. 친구들은 혼전순결을 생각하는 한 연애할 생각은 아예 포기하라고 말합니다. 정말 그럴까요?

_순수한 사랑을 꿈꾸는 J양

A 우선 혼전순결에 관한 문제부터 짚고 넘어가겠습니다. 저는 혼전순결이 나쁘다고도 좋다고도 생각하지 않습니다. 이건 어디까지나 개인의 차이니까요. 다만 요즘 세상에 혼전순결을 외친다는 것은 다소 드문 일이라는 것 정도는 말해주고 싶습니다. 왜냐하면 J양이 지금 남자친구 분께 요구하는 것은 결코 쉬운 일이 아니라는 것이지요.

사실 남자친구는 오래 참은 것 같습니다. 더 진도를 나가고 싶지만 J양의 생각을 존중해서 1년이라는 시간 동안 J양을 지켜준 것이지요. 그렇지만 J양의 혼전순결을 남자친구에게 강요할 수는 없습니다. 그는 이미 섹스 경험도 있을 것이고, 또 섹스하는 것이 당연한 건강한 남성입니다. 순결은 흔히 곱고 깨끗한 것이라는 이미지가 지배적인데 그렇다고 섹스가 더럽거나 나쁜 짓은 아닙니다. 신체 건강한 남녀가 만나 연애할 때 하는 섹스는 아주 자연스러운 연애 과정 중의 하나입니다.

저는 J양에게 혼전순결을 지키지 말라고 하지는 않겠습니다. 다만 혼전순결을 누군가에게 강요해서는 안 됩니다. 남자친구 분께 충분하게 자신의 혼전순결에 대해 전달했을 때 남자친구가 이해를 하고 기다려주겠다면 다행이지만, 도저히 그러지 못하겠다고 하면 그것은 어쩔 수 없는 일입니다. 내 가치관을 상대의 가치관 위에 올려놓고 강요하는 것은 결국 서로를 멀어지게 만들 뿐입니다. J양의 가치

관이 소중한 만큼 사랑하는 여자친구와 섹스하고 싶다는 남자친구

분의 생각도 존중해주시기 바랍니다.

연애,
섹스와
내숭떨다

그의 사이즈에 관한
진실

남자의 페니스 사이즈에 대해서는 흔히 두 가지의 입장이 존재한다. 사이즈와 섹스는 아무런 상관이 없다고 생각하거나 혹은 사이즈가 섹스에 있어 절대적인 영향을 미친다고 생각하거나.

내 생각을 말하자면 사이즈에 관한 진실은 저 중간 어디쯤엔가 있지 않을까 싶다. 사실 사이즈 무관계론자들의 말처럼 사이즈는 섹스에 있어서 크게 문제가 되지 않는다. 어떤 이들은 사이즈는 오로지 포르노가 심어준 환상일 뿐, 그 이상의 의미는 없다고 말한다. 그러나 직접 다양한 사이즈를 가진 남자를 만나본 한 지인은 저 말이 틀리다고 말했다. 비록 사이즈가 섹스에 절대적이지는 않지만 그렇다고 어떤 사이즈든 느낌이 다 똑같지는 않단다. 섹스 전까지는 너무 좋았는데 발기를 해도 새끼손가락만 해서, 해도 하는지 안 하는지 아무 느낌이 없었다고 하소연하는 여자들도 많이 봤다.

정리를 하자면 사이즈는 어느 정도 섹스에 영향을 미치기는 하지만 아주 중요한 정도는 아니며, 그렇다고 해서 아무리 작아도 전혀 상관없다 정도도 아닌 것이다. 모든 여자가 그렇겠지만 남자들이 발기한 상태에서 페니스 길이를 자로 재어본 적이 없을 것이다. 따라서 정확하게 몇 인치 정도의 크기를 가지고 있어야지 여자들이 만족하는지는 잘 모른다. 다만 어느 정도의 크기라는 눈대중만 있다. 한 가지 이상한 사실은 오히려 발기하지 않았을 때의 페니스 크기가 더 제각각으로 느껴지지, 일단 발기를 하면 그들의 페니스가 다들 비슷비슷하다는 것이다.

남자들은 여자들의 성기가 다 제각각 다르게 생겼다는 것을 느낄지 모르겠지만 여자들이 보는 페니스는 거의 천편일률적이다. 다들 버섯처럼 생겼고, 불편하지 않을까 싶을 정도로 정글처럼 무성한 털로 덮여 있다. 외부에 드러난 피부와 마찬가지로 좀 가무잡잡하거나 덜 가무잡잡하거나의 차이가 있긴 하지만 다 거기서 거기다. 그리고 속옷을 입을 때 성기를 어느 쪽으로 두느냐에 따라 왼쪽 혹은 오른쪽으로 약간 기우뚱하지만 역시 큰 차이는 아니다. 따라서 여자들이 느끼기엔 적어도 겉모양에 있어서는 엄청난 크기 차이가 나지 않는 한 남자들의 성기는 구분이 힘들 만큼 서로 닮아 있다.

내가 아는 남자 중에 스스로 사이즈가 작다고 생각하는 남자가 있었다. 그는 언제나 여자의 사이즈에 비해 자신의 사이즈가 너무 작아 그 해결책이랍시고 내어놓은 것이 여자에게 다리를 붙인 뒤 하는 섹스였다. 나는 그에게 그런 식의 섹스는 둘 다 불편한 마음으로 하기 때문에 결코 즐거울 수 없다고 충고했으나 아무 소용이 없었다. 그는 자신의 사이즈가 워낙 작기 때문에 평범하게 섹스한다면 여자들이 자신을 떠날 거라 믿었다.

그러던 어느 날 내 충고를 받아들여 멀쩡하고도 평범한 섹스를 했는데 그 이후 여자가 아무 말도 없이 연락을 끊더라고 했다. 나는 자괴감에 빠진 그에게 그런 이유 때문에 떠난 건 아닐 것이라고 했지만, 솔직히 듣는 그도 말하는 나도 그게 진짜 이유라고는 생각하지 않았다.

또 다른 남자는 무척이나 페니스가 컸다. 친구의 애인이었던 그는 키도 크고 얼굴도 잘생긴 남자였다. 남자들이 볼 때 여자가 좋아한다고 생각하는 조건은 다 갖춘 셈이었다. 하지만 그와 처음 섹스를 시도한 날, 친구는 페니스를 손으로 잡아본 후 섹스할 맛이 싹 가셨다고 했다. 머릿속에는 '과연 이게 다 안으로 들어가기는 할까?' '혹시 이 남자랑 하다가 투캅스에 나오는 여자처럼 병원 신세를 져야 하는 건 아닐까?' 하는 생각뿐이었단다. 어찌어찌해서 섹스가 이루어지긴 했지만 첫 경험 이후 섹스를 하면서 그저 아프다는 느낌뿐이었던 건 그때가 처음이었다고 했다. 사람도 마음에 들고 외모도 근사했지만 그녀는 어지간하면 그와 섹스하는 걸 피하기 위해 온갖 노력을 다 했고, 어쩌다가 섹스로 이어진다 하더라도 도저히 사정 시간까지 참을 수가 없어서 중도하차를 할 수밖에 없었다. 결과적으로 그도 그녀도 만족은커녕 안 하느니만 못한 섹스가 되어버린 것이다.

이 두 가지 예는 남자의 페니스 사이즈가 어떻든 섹스와 아무 상관없지는 않다는 걸 보여준다. 하지만 정말로 눈에 띌 정도로 작거나 크지 않다면 사이즈가 섹스에 있어서 직접적인 영향을 미치지는 못한다. 그보다는 오히려 섹스의 기술이나 달콤한 말들 혹은 전희 등이 훨씬 더 중요하다. 사이즈에 있어서 크면 클수록 좋다는 식의 환상이 생긴 것은 어디까지나 포르노 혹은 남성 성기 확장수술에 열을 올리는 비뇨기과 광고 때문이다.

그리고 사이즈란 것은 딱히 길이만을 말하지는 않는다. 굵기역시 페니스 사이즈의 무시못할 요소 중 하나인데 그것도 아주 굵거나 가늘지 않은 평범한 정도라면 길이와 마찬가지로 그다지 큰 문제는 아니다.

군이 페니스에 국한시켜서 섹스의 질을 따진다면 길이나 굵기보다는 오히려 딱딱함에 대해 말하고 싶다. 페니스가 발기되면 혈관이 확장되어 마치 안에 뼈라도 들어앉은 것처럼 딱딱해진다는 것은 상식이지만, 그 딱딱함의 정도는 사람마다 어느 정도 차이가 있다. 언젠가 외국인 여자가 동양 남자들의 페니스를 좋아한다는 말을 한 적이 있는데 내가 그녀에게 이유를 묻자 이렇게 말했다.

"서양 애들은 크기는 큰데 너무 힘이 없어. 하지만 동양 남자들은 사이즈는 작을지 몰라도 무척 딱딱해. 꼭 그들의 다리처럼 말이야."

내가 영어를 제대로 알아들은 것이라면 그녀는 분명 그렇게 말했다. 물론 그녀의 경우를 가지고 사이즈는 문제될 것 없다, 딱딱하기만 하면 그만이라고 말하기는 힘들지만 주변의 말을 들어봐도 여자들은 사이즈보다는 오히려 단단함에 더 신경을 쓴다. 하지만 남자들의 경우는 오직 페니스의 길이만으로 대변되는 사이즈에 무척이나 민감하다.

어디서 집단 섹스를 하지 않는 한, 남자들은 발기 시의 페니스를 서로 비교해볼 일은 없을 것이고, 따라서 발기 이전의 페니스(주로 화장실에서 볼일 보며 확인 가능한)를 가지고 스스로가 작다고 생각하는 것이다.

그런데 평상시 페니스 크기와 발기 후의 페니스 크기가 꼭 비례하는 것은 아니다. 사실 화장실에서 곁눈질로 보는 페니스 비교는 시선이 꽂히는 각의 차이 때문에 언제나 남의 떡이 더 커보일 수밖에 없다. 아래로 바로 내려다볼 수 있는 내 사이즈와 옆에서 비스듬히 보이는 '내 옆에서 오줌 싸는 놈'의 사이즈는 당연히 정확하게 비교가 불가능하다. 그런데도 영화나 텔레비전에서는 끊임없이 저 장면들이 확대 재생산되기 바쁘다. 그것도 꼭 키도 작고 볼품도 없는 남자를 보고 살짝 비웃던 주인공이 남자의 페니스를 보고는 '헉' 하고 놀라며 그의 얼굴을 경이롭다는 듯 다시 쳐다보는 장면. 정말 웃기지도 않는 장면이다.

섹스에서 사이즈는 남자들이 생각하는 것만큼 절대적인 힘을 발휘하는 것이 아니다. 오히려 그보다는 섹스의 질, 그러니까 다른 요소들이 훨씬 더 영향력을 미친다.

헤어진 연인과
섹스해도 될까요?

언젠가 이런 상담을 해준 적이 있다. 헤어진 남자친구와 섹스를 했는데 그 이후로는 그에게서 전화가 오지 않는다는 내용이었다. 좀 더 부연설명을 하자면 헤어지자고 한 쪽은 남자였고, 만나는 동안에는 섹스를 한 번도 하지 않았다고 한다. 그녀가 궁금한 건 왜 연락을 하지 않느냐는 것이었는데 참 해줄 말이 없었다. 대체 왜 그럴까?

첫째, 그는 그녀를 별로 좋아하지 않았다. 그러니 찼겠지. 그리고 둘째, 그는 절대 좋은 남자가 아니다. 그러니 헤어진 그녀에게 '한 번 먹고나 차자'라는 미련을 실천했지.

세상에서 가장 '등신쪼다' 같은 일을 꼽으라면 헤어진 남자에게 친구로라도 만나고 싶다며 매달리는 것이다. 그렇게 못 잊겠거들랑 차라리 눈물 콧물 다 짜가면서 마지막으로 딱 한 번만 애걸복걸해보고, 그래도 안 된다면 깨끗하게 잊는 게 맞다. 괜히 자존심 한 조각은 남겨두고 싶어서 친구 어쩌고 하는 어설픈 가면을 써봐야 상대는 이미 어떤 마음으로 친구 운운하는지 다 알고 있다.

그러면서도 못 이기는 척 친구로 받아주는 놈은 십중팔구 진짜 나쁜 남자다. 적어도 자기가 아니라면 상대방의 미련 정도는 싹을 잘라줘야 하는데 이건 그 싹에 물을 주고 앉았으니 나쁜 남자란 말도 아깝다.

그것보다 더 나쁜 남자가 있다. 바로 헤어지고 난 다음 여자친구가 제공하는 각종 편의를 날름날름 받아먹는 남자다. 여자는 남자가 친구라도 받아준 것에 감복해서 그와 만날 핑계를 자꾸만 생각해낸다. 다만 사귈 때가 아니므로 '나 맛있는 거 먹고 싶어'라든가 '나 어디 가고 싶은 곳 있어' 같은 말은 절대 하지 못한다. 대신 '오늘 나 월급이니까 맛있는 거 사줄게 나와(절대 그날이 진짜 월급날일 리 없다)' '마침 공짜표가 두 개 생겨서 그러는데 뮤지컬 보지 않을래(공짜표 좋아하시네, 며칠 전 인터넷에서 예매하고 신용카드로 결제까지 마친 표다)?' 등의 다양한 핑계를 댄다.

아마 그 중에서도 가장 최악은 함께 밥을 먹고 술을 마신 다음 적당히 취해서 섹스를 하는 것이리라. 이 부분에서는 정말 냉정해질 필요가 있다. 여자는 남자를 사랑하는 마음이 남아 있는 상태이므로 단지 술김에 하는 욕망의 해소가 아니지만 남자는 그렇지 않다. 그는 술로 인해 적당히 달아올랐고 마침 옆에서 못 줘서 안달하는 옛 여자친구가 있기 때문에 욕망을 해소하는 것에 불과하다.

헤어지면 미련을 접는 것이 가장 좋다. 물론 접는다는 게 종이접기처럼 쉽지 않다는 것쯤은 잘 알고 있다. 하지만 그게 힘들다면 그런 척이라도 해야 한다. 적어도 상대에게 그 마음을 들키거나 내보여서는 안 된다. 내가 만난 남자가 정말 좋은 남자이길 바라겠지만 세상에는 좋은 남자만큼이나 나쁜 남자도 많다. 위에서 예로 든 사례는 만나는 동안에는 섹스를 하지 않았기 때문에 '있을 때 해볼걸' 하는 남자의 마음을 충족시켜준 것이고, 만약 만날 때 섹스를 했던 사이라면 '몇 번 더 하고 싫증날 때 그만 하지 뭐'가 되는 것이다.

제발 헤어질 때 친구라는 이름으로 미련을 두는 짓은 절대 하지 말자.

사운드
이펙트

사람들에게 어떤 장소에서 섹스하고 싶냐는 일종의 장소에 관한 섹스 환상에 대해 질문했을 때 의외로 공공장소를 많이 꼽았다. 공중전화 부스부터 CCTV기가 설치된 현금인출기 부스, 야간 우등고속버스 등. 실제로 그런 곳에서 섹스를 하는 과 감한 사람은 극히 드물겠지만, 그럼에도 공공장소가 섹스하고 싶은 장소로 등장하는 이유는 들킬까 봐 조마조마한 상황 자체 가 에로틱함을 한층 가중시키기 때문일 것이다. 하지만 풍기문 란 같은 죄로 잡혀 들어갈 각오를 하지 않는 한 공공장소에서 신음 따위를 낸다는 것은 상상조차 하기 힘들다.

남자들은 여자가 내는 신음이 전부 가짜라고 생각한다. 뭐 어느 정도는 사실이다. 오르가슴에 이르러서 어쩔 수 없이 내는 신음 이외에는 가짜라기보다는 뭐랄까, 의식하고 내는 소리에 가깝다. 하지만 그게 완전한 가짜는 아니다.

이십대에는 그랬다. 삼십대가 되면 섹스를 너무 많이 해서 재미는 없겠지만 그래도 섹스에 대해 모르는 것 없는 달인이 되어 있지 않을까 했지만 막상 삼십대가 되니 아직까지 섹스에 대해 알지 못하는 게 너무나 많다. 섹스는 꼭 책에 나와 있는 지식만이 전부가 아니다. 경험을 통해서 하나하나 쌓아가는 것이다. 하지만 비슷비슷한 상대들과 별다를 바 없는 섹스만 한다면 평생 모르고 지날 것들도 많다. 이를테면 섹스에 소리가 주는 효과가 얼마나 큰가 하는 문제는 경험 없이는 알 수 없다.

섹스할 때 만약 아무런 소리 없이 그저 살 부딪치는 소리만 난다고 상상해보라. 그건 정말이지 끔찍하다. 어쩔 수 없는 상황이 아닌, 충분히 서로 표현할 수 있는 안전한 공간임에도 그저 몸에서 나는 소리로만 방안이 가득하다면, 잘 하다가도 민망해서 그 행위 자체를 그만 접고 싶을지도 모른다. 그렇다고 섹스할 때 포르노 배우들이 내는 규칙적이고도 의무적이며 무성의한 신음이 필요하다는 말은 아니다. 그녀들은 그 순간 느껴서 내는 소리가 아니라 그게 직업인 사람들이다. 그것도 한 사람이 아닌 상대 배우에(이건 상대 남자와는 차원이 다른 존재다)

감독에 조명기사에 음향기사 그리고 기타 등등의 스텝들까지 있는데, 그 앞에서 진짜로 느껴서 소리를 낸다면 아마 좀 특출난 취미를 가진 배우일 것이다.

그러므로 사운드 이펙트를 이용하겠다는 생각이 든다면 먼저 그 이펙트에 진심을 담아야 한다. 머릿속으로 '핸드폰 배터리가 나갔는데 언제 충전하지?' '내일 회사에 뭘 입고 나가지?' '비가 온댔나?' '바람이 분댔나?' 했다가는 십중팔구 포르노 배우 같은 신음을 낼 뿐이다. 그리고 당연한 말이지만 포르노는 여자보다는 남자들이 훨씬 더 많이 보고, 따라서 그게 진짜인지 가짜인지 가려내는 것 역시 그들이 한수 위다.

한 가지 불만스러운 점은 포르노에서도 실전에서도 남자들은 거의 신음을 내지 않는다는 것이다. 그들은 고작해야 사정의 순간에 이르러 '아!' 따위의 외마디 비명을 지를 뿐이다. 사실 그렇게 따지자면 여자들도 오르가슴의 순간 이외에는 모두 입을 꾹 다물어야 한다. 그렇지만 어디 그런가? 아무리 섹스 경험이 허접한 여자라 하더라도 그녀들은 상대방에 대한 배려를 아끼지 않느라 비록 어색하지만 신음을 낸다. 그러나 남자들은 노련하면 노련할수록 신음을 아낀다. 이건 어쩌면 대한민국 땅에서는 남자가 울거나 부엌에 들어가면 뭐가 잘린다는 말만큼이나 오래된 습관인 것 같다.

하지만 늘 애기하듯 섹스는 혼자 하는 것이 아니다. 두 사람이 함께하는 만큼 배려도, 만족도 두 사람 다 해야 한다. 남자가 여자의 신음에 흥분을 한다면 여자도 마찬가지이다. 상대 남자가 아무런 신음도 없이 그저 '이 체위 저 체위 우 삼삼 좌 삼삼' 따위를 아무리 열심히 시도해봐야 섹시한 신음 한 번 따라잡기 힘들다.

섹스는 분위기다. 왜 여자들이 촛불도 켜놓고 침대에 꽃잎도 뿌리길 바라겠는가. 또 제아무리 평소에는 깡소주를 즐긴다 하더라도 그날만큼은 맛도 모르는 와인을 고집하겠는가. 그것은 섹스할 때 뭔가 그럴듯하고도 로맨틱한 분위기를 연출하기 위해서이다. 신음이라고 해서 어디서 산모가 애 낳나 싶을 정도의 신음을 말하는 게 아니다. 귓전에 살짝살짝 흘리듯 내는 신음은 아마 섹스 테크닉 못지않게 서로에게 만족감을 선사할 것이다.

그에게
No라고 말하기

　대부분의 여성은 섹스와 관련해 자신의 의사를 비교적 정확하게 표현할 줄 안다. 하지만 어디까지나 남자친구가 되기 이전까지의 단계에서만 그렇다. 일단 남자친구 내지는 애인이 되고 나면 여자들은 솔직하게 표현을 못한다. 그것은 남자친구를 배려하기 때문이기도 하지만 또 한편으로는 이미 그 표현이 얼마나 쉽게 묵살되는지를 경험한 이유도 있다.

　애인과 나란히 누워 있기는 하지만 오늘 밤만큼은 섹스를 하지 않고 그저 재미있는 이야기나 나누고 다정하게 잠이 들고 싶을 때가 있다. 물론 상대방도 이렇게 생각한다면야 좋겠지만 문제는 반대로 생각하고 있다는 거다.

남자의 성기가 발기했다고 해서 반드시 섹스하고 싶음을 의미하는 게 아니듯, 여자의 성기 역시 분비액이 나왔다고 해서 꼭 섹스를 원하는 건 아니다. 하지만 대부분의 남자는 착각한다. 아무리 싫다고 해도 '에이 젖었잖아'라고 말하며 들이댄다. 그리고 이때, 오래된 연인 사이라면 거절하기가 더더욱 어려워진다. 왜냐하면 여자는 남자가 섹스를 거부했을 때 얼마나 즉각적으로 잘 삐치는지를 잘 알고 있다. 그들은 정말로 진심으로 삐치고 서운해한다(삐쳤냐고 물으면 더 크게 삐친다. 화났냐고 해도 마찬가지). 그리고 대부분의 여자는 자기 남자친구가 삐치거나 서운해하는 것을 원치 않는다. 그래서 대화하고픈 날에도 그들에게 No라고 말하지 못하고 맥 빠진 섹스를 한다.

언젠가 이런 말을 들은 적이 있다. 남자들은 여자들이 '안 돼요'라고 말하는 것을 믿지 않는다고 말이다. '안 돼요, 안 돼요' 하다가 그게 결국 '돼요'로 둔갑한다는 그 말을 처음 들었을 때 너무 황당했다. 섹스만큼은 적어도 Yes와 No가 확실해야 한다. Yes와 No가 헷갈리기 시작하면 그건 자발적인 합의하에 섹스를 한 것이냐 혹은 강제적으로 섹스를 하는 것이냐 하는 문제로 발전할 수도 있다.

그러나 얼마 지나지 않아 이런 생각이 들었다. 대부분의 여자는 다급한 상황에서(이를테면 원치 않는 상대가 섹스나 스킨십을 시도하는 상황) Yes와 No는 확실하게 표현하지만, 남자친구에게는 확실한 Yes나 No의 의사표현을 하지 않는다. 더구나 No의 경우는 남자친구를 실망시킬까 봐 더더욱 표현을 안 한다.

사실 섹스 문제로 남자들이 화내기 시작하면 문제는 커진다. 그들은 섹스 때문에 자신이 화를 낸다는 것 자체를 몹시 창피하게 생각하며 심지어 자존심 상해한다. 여자들이 그들에게 확실하게 오늘은 '아니다'라고 말하지 못하는 것은 바로 이 때문이다. 그들이 화가 나는 것뿐 아니라 창피해하고 자존심까지 상해한다면 까짓 하루쯤 별로 내키지 않는 섹스를 한다고 해서 큰일 날 것도 없다고 생각하고 말을 못한다.

물론 이건 여자만의 문제는 아니다. 남자들의 경우에도 섹스할 때 꼭 자신이 원해서라기보다는 여자 친구가 원할 것 같아서 했다는 대답도 의외로 많았다. 남녀를 막론하고 서로 깊이 사귀기 시작하면 오히려 그전보다 섹스에 대해 확실하게 말하지 못한다. 왜냐하면 섹스라는 행위 자체보다는 섹스가 주는 많은 의미를 생각하기 때문이다.

어느 날 지인은 남자친구와 섹스하고 난 다음에 진지하게 물었다. 정말 나와 섹스를 하고 싶어서 했느냐고. 그때 남자친구는 말했다. 꼭 그런 건 아니었다고. 그러니까 남자친구 역시 여자친구인 그녀를 옆에 두고 누웠는데 섹스를 하지 않으면 그녀가 서운해하지 않을까 하는 마음에서 섹스를 했던 것이다.

그런데 문제는 그녀 역시도 마찬가지였다는 점이다. 그날따라 컨디션이 별로 좋지 않았던 그녀는 남자친구가 섹스하려고 할 때 마음 같아서는 '오늘은 그냥 잠만 자자'고 말하고 싶었지만 모처럼 함께한다는 생각에, 또 그를 실망시키고 싶지 않아서 No라고 말하는 대신에 미적지근한 섹스를 한 것이다. 나는 이 이야기를 내가 아닌 남자친구에게 솔직하게 털어놓으라고 권했다. 이야기를 다 들은 그녀의 남자친구는 몇 번 만나고 끝낼 사이가 아니라면 이 문제에 대해서 둘 다 좀 더 솔직하게 표현할 필요가 있고, 앞으로 그렇게 하자는 말을 했다고 한다.

사실·이렇게 말로 설명하면 이해 못할 것도 이해받지 못할 것도 없다. 하지만 우리는 이런 이야기를 길게 하지 않는다. 그저 "오늘은 좀 안 하면 안 돼?"라든가 "넌 나 만나면 그거 할 생각만 하니?" 같은 말로 상대의 자존심을 긁는다. 만약 내 지인처럼 남자친구와 기분 좋을 때 이런 이야기를 충분히 나누고 둘만의 암호를 만든다면 하지 말자고 해서 미안한 쪽도, 거절당해서 기분 나쁜 쪽도 없을 것이다. 배려한답시고 미적지근하게 표현하고 행동해서는 안 된다. 싫은 건 확실히 싫다고, 안 되는 건 확실히 안 된다고 말을 해줘야 상대방도 오해 없이 정확하게 알아듣는다.

상대도 나도 똑같이 섹스하고 싶은 마음이 있다면 아무런 문제도 없다. 특히 연애를 막 시작한 초기에는 손만 잡고 키스만 해도 당장 서로를 안고 싶어 안달이 날 정도로 서로가 서로를 끊임없이 원한다. 그렇지만 이 시기가 지나면 섹스는 더 이상 처음처럼 흥분되거나 설레지 않는다. 사랑도 시간이 지나가면 점점 그 열정을 잃어가는 것처럼 섹스도 마찬가지이다.

게다가 서로 솔직하지 못하다면 서로의 섹스에 대해 실망하거나 질려버리는 건 시간문제다. 오래된 사이일수록 섹스하고 싶지 않을 때 No라고 말하는 것은 쉽지 않지만 섹스야말로 가장 원초적인 일인 만큼 솔직하게 의사를 밝힐 필요가 있다. 전혀 하고 싶지 않은 섹스를 하고 나서 그 허탈함을 혼자 삭이느니, 솔직하게 말하고 상대의 동의를 구하는 게 훨씬 현명하다.

눈만 마주치면 불꽃을 튀기며 섹스할 때는 딱 두 가지 경우, 만난 지 얼마 안 되었거나, 영화 속 주인공이거나이다. 우린 그 주인공이 아니므로 연인에게 자신의 의사를 확실히 표현할 충분한 이유가 있다. 남자들은 여자들에 비해 표현력이 떨어지긴 하지만 그렇다고 해서 듣는 귀까지 떨어지는 건 아니다. 조심스럽게 배려하면서 진지하게 의논하고자 한다면 무뚝뚝한 표현밖에 할 줄 모르는 남자라 할지라도 여자의 말에 충분히 귀를 기울여준다.

만약 아무리 좋게 이야기해도 '난 나 하고 싶을 때는 해야 하는 성미야' 따위로 나온다면 두말할 필요 없다. 그의 성 노예가 될 생각이 아니라면 당장 끝장을 내는 게 백번 옳다. 싫다고 분명하게 말했는데도 계속 끈질기게 요구하는 그를 받아준다면, 당신은 지금 남자를 사귀는 게 아니라 강간범을 사귀는 거나 다름없다.

그녀들이 바라는
섹스 이후의 풍경

만난 지 얼마 안 된 연인의 섹스는 그 자체도 달콤하지만 끝
내고 난 풍경도 사랑스럽기 그지없다. 서로 껴안고 있는 것도
모자라서 손깍지를 하고, 조금이라도 서로의 몸에 자신의 몸을
밀착시키기 위한 포즈를 취한다. 그리고는 따뜻한 체온과 매끄
러운 상대의 피부를 느낀다. 섹스와 상관없는, 이를테면 '좋았
어?' '응'이 아닌 대화를 나누기도 한다. 그건 어린 시절에 관한
추억일 수도 있고 못다 이룬 꿈에 관한 이야기일 수도 있다.

아무리 섹스만 하는 사이더라도 처음의 섹스는 좀 다르다.
섹스가 끝난 다음 그저 씻고 옷을 챙겨 입는 것만 남았다는 듯
이 행동하는 것은 설사 섹스파트너 할지라도 두 번 다시 볼

129

일이 없겠다 싶을 때만 해당된다.

남자들이 섹스 그 자체에 집중한다면 여자들은 섹스만큼이나 그 후의 일도 중요하게 생각한다. 영화에서는 여자들이 남자가 샤워하는 동안 '먼저 가요' 같은 메모를 남기고 쿨하게 사라지는 게 마치 대세인 양 보이지만 실제로는 전혀 그렇지 않다. 나이트에서 만나 원나이트 스탠드를 즐겼다면 모를까, 그렇지 않다면 거의 대부분의 여자는 마음에 드는 남자와 섹스한 그 이후에도 여러 가지 일들을 함께하며 시간을 보내길 원한다.

서로 좋아서 했어도 여자들은 섹스 이후의 풍경에 따라 자신이 성녀가 되기도 하고 창녀가 되기도 한다. 물론 요즘에는 섹스 후에 등 돌리고 코 고는 과감한 행동을 하는 남자들은 별로 없다. 그들도 여러 매체를 통해 그게 얼마나 여자들에게 외면받기 딱 좋은지를 알게 되었기 때문이다. 하지만 관계가 오래 지속되면 섹스 이후 잠들기까지의 시간 동안 보이는 남자들의 일반적인 행동들은 여전히 별로 달라지지 않았다.

사람이 한결같을 수 없는 것처럼 섹스 혹은 섹스 이후의 풍경도 매번 같을 수는 없다. 하지만 여자들은 꿈꾼다. 섹스 후에도 처음처럼 팔베개를 해주고 다정하게 이마에 키스도 해주고 크게 재미는 없다 하더라도 나를 위해 무언가 이야기를 해주길 말이다. 그게 설사 어제 보고 이미 웃을 만큼 다 웃은 코미디 프

로그램의 한 장면이라도 여자들은 기꺼이 웃어줄 준비가 되어 있다. 팔베개가 얼마나 팔이 저린지, 섹스 후에 열량 소모가 심했던 남자들이 얼마나 피곤할지 여자들은 잘 알고 있다. 그럼에도 불구하고 세심한 배려를 해준다면 여자는 감동하게 된다.

섹스는 좀 못해도 상관없다. 매번 오르가슴을 느낄 필요도 없다. 물론 섹스를 잘하고 할 때마다 오르가슴을 느낀다면 상당히 좋겠지만 그보다는 섹스 후의 따스함, 그리고 자고 있을 때 무의식 속에서도 밀어내지 않고 나를 향해 있는 마음을 여자들은 더 원한다.

남자들에게 섹스는 기술과 쾌락이 더 큰 의미를 차지하고 있는지 모르겠지만 여자들은 좀 다르다. 가끔 섹스하다가 울 것만 같은 기분이 드는 것은 너무 황홀한 오르가슴이 찾아와서가 아니라 그와 내가 지금 이 순간 완전하게 하나가 되었다는 느낌 때문이다. 그것은 꼭 육체적인 합일만은 아니다. 그 순간 정신도 함께 닿아 있는 것이다.

색다른 체위와 시도도 좋지만 섹스 이후에 대해 조금 더 신경을 써주길 바란다. 끝나자마자 욕실로 달려가 정액이 꽉 찬 콘돔을 버리고 땀에 젖은 몸을 씻는 것도 중요하지만, 그보다는 조금 전까지 완전히 하나가 되었던 그녀가 지금 혼자 있다는 것을 생각해주길 바란다. 설사 그렇게 씻고 왔더라도 바로 잠들지는 말길, 할 말이 없으면 그녀의 이야기라도 들어주길, 그리고 팔베개를 해주거나 손이라도 잡아주길 바란다. 이것이 그녀가 바라는 섹스 이후의 풍경이다.

그녀들의
오르가슴에 대하여

남자에게 섹스의 절정은 아마도 정액이 분출되는 사정에 있을 것이다. 흔히 섹스는 그 시작을 삽입으로 보느냐 아니면 전희로 보느냐 등 다양하지만 섹스의 마지막은 남자의 사정이라는 것에는 별 이견이 없을 것이다.

남자는 사정 후 페니스가 급격히 수축하므로 더 하고 싶다고 해도 할 수 없는 상태기 된다. 그래서 많은 남자는 사정까지 걸리는 시간을 늘리기 위해 정력제를 먹느니 비아그라를 구하느니 난리를 피운다. 왜냐하면 사정까지의 시간이 짧으면 짧을수록 여자가 절정인 오르가슴에 도달할 확률이 그만큼 줄어들기 때문이다. 섹스할 때 다소 이기적으로 보이는 남자도 이 부분에 있어서는 여성을 배려한다. 상대의 절정을 위해 자신의 절정 시간을 최대한 보류하는 것, 이것이야말로 최대의 배려가 아니고 무엇이겠는가.

알다시피 남자들은 자신뿐 아니라 파트너도 황홀한 섹스를 하길 바란다. 그것이 기술적 측면에서의 현란한 섹스든 무조건 오래 해야 한다는 잘못된 상식이든, 자기 혼자 즐겁자고 하는 일은 아님을 알기 때문이다.

그러나 여자의 오르가슴은 남자와 달라서 사정의 순간에 느껴지는 것이 아니다. 물론 여자도 굉장히 흥분하면 사정을 하는데, 꼭 사정해야 오르가슴을 느끼는 것은 아니며 사정하는 그 순간 느끼는 것도 아니다. 남자의 섹스가 사정 직전에 최고조로 달해서 사정과 동시에 오르가슴을 느끼고 그 이후 빠르게 정상적인 상태로 회복하는 반면, 여자들은 경사가 급하지 않은 오르막길을 오르는 것처럼 천천히 진행되고 나서 절정의 순간이 오고 다시 또 천천히 내려온다.

섹스가 끝나고 남자들이 안아주거나 키스해주길 원하는 것은 섹스가 끝났다고 해서 흥분 상태가 완전히 진정이 되지 않기 때문이다. 섹스의 시작은 합의하에 이루어지지만 그 끝은 남자가 일방적으로 정한다. 그러나 여자 쪽 입장에서는 아직까지 여운이 있는 상태에서 섹스를 끝내는 경우가 많다(단 이걸 무조건 오래 해야만 여자가 좋아한다는 뜻으로 착각하지는 마라).

하지만 오르가슴을 느끼게 해주겠답시고 너무 오랜 시간 동안 하는 것도 좋은 게 아니다. 여자의 질은 매우 약해서 장시간 동안 마찰이 이뤄질 경우 쓰라리고 아프다. 거기다 '너무 오래 하는 거 아니야?' 하고 생각하는 순간부터 흥분은 점점 가라앉아서 질 분비액도 현저하게 줄어든다. 그러므로 이런 상태에서의 성기 간의 마찰은 여자에게 고통 이외에는 아무것도 주지 못한다.

남자야 어떤 여자와 섹스하든 정도의 차이는 있겠지만 일단 사정이 이뤄지면 오르가슴을 느낄 수 있다. 하지만 여자의 오르가슴은 좀 더 복잡하고 내면적이며 육체뿐 아니라 정신적인 측면도 상당히 많은 작용을 한다. '좌로 세 번, 우로 세 번, 다시 앞으로 한 번'이라는 페니스 움직임 공식이나 무조건 깊게, 강한 압력으로 찌르기만 하면 될 것이라고 생각하는 것은 솔직히 말해서 아무런 도움도 못 된다. 오히려 여자에게 '빨리 섹스를 끝냈으면 좋겠다'라는 느낌만 줄 뿐이다. 그렇다면 그녀의 오르가슴을 위해 남자들이 해야 할 일이 뭘까?

우선 여자의 심리 상태를 편안하게 해주어야 한다. 여자가 하기 싫어하거나 혹은 섹스하면서 꺼려하는 행위를 강요하는 것은 여자의 마음을 불편하게 해서 결국은 오르가슴 없이 남자의 사정만 기다리는 섹스로 만든다. 최대한 상대방의 마음을 편안하게 해주고 그녀가 좋아할 만한 달콤한 말들을 해주면 좋다.

또 가급적이면 그녀 스스로가 피스톤 운동의 리듬을 정하도록 해야 한다. 이렇게 하려면 여자가 남자 아래에서 허리를 움직이는 것보다는 삽입 깊이나 리듬을 정할 수 있도록 허리를 자유롭게 움직일 수 있는 여성상위가 가장 좋다. 이때 남자가 도와준답시고 심하게 허리를 움직이거나 여자의 골반이나 허리를 잡고 앞뒤로 움직이는 것은 좋지 않다. 그러면 리듬이 깨져서 처음부터 다시 시작해야 한다. 여자의 오르가슴은 천천히 이루어지기 때문에 한 번 리듬이 깨지면 남자가 사정할 때까지 오르가슴을 느끼지 못하는 경우가 많다.

그럼 여자가 여성상위를 하는 동안 남자는 무얼 해야 하는가. 여자의 허리를 잡고 앞뒤로 흔들지도 못하고 더불어 자신의 허리도 자유롭게 움직이지 못한다면 남자는 팔베개를 하고 누워서 먼 산을 봐야 하나? 안타깝게도 이렇게 하면 여자의 리듬을 깨버리기 쉽다. 가끔 여성상위를 할 때, 팔베개하고 누워서 눈을 감은 남자를 보면 오르가슴이고 나발이고 다 때려치우고 그만 하고 싶은 적이 있을 것이다.

그렇다면 이때, 남자가 할 수 있는 일은 무엇일까? 그것은 손을 이용하는 것이다. 여자의 허벅지를 부드럽게 쓰다듬거나 발을 만져도 좋다. 그러나 가장 좋은 것은 그녀의 유두를 매우 부드럽게 만지고 애무하는 것이다. 여자가 유지하는 리듬을 깨지 않는 한도 내에서의 어루만짐 정도라고 생각하면 딱 맞다(포르노 영화에서처럼 손에 힘을 잔뜩 줘서 가슴을 꽉 움켜쥐는 건 가장 무식한 애무이다). 그리고 그녀에게 말을 걸어도 좋다. 사랑스럽다든가 당신이 세상에서 가장 섹시하다든가 하는 말들은 여자에게 더 많은 상상을 하게 하고, 이것은 곧 오르가슴으로 가는 오르막길을 뒤에서 받쳐주는 것과 같은 효과를 낸다.

섹스하면서 반드시, 오르가슴을 느껴야 하는 것은 아니다. 하지만 오르가슴은 섹스할 때 가장 절정이 되는 순간이자 섹스의 꽃이다. 이왕 하는 섹스라면 오르가슴을 느끼는 쪽이 그렇지 않은 쪽보다는 훨씬 좋다. 남자도 마찬가지이다. 사정하지 않은 채 섹스를 끝낸다면 그건 남자 입장에서 섹스를 한 것도 아니다.

남자의 섹스야 함께해줄 여자가 있고 또 어느 정도의 피스톤 운동이면 사정이 이뤄지면서 낭연하게 오르가슴이 따라오지만 여자는 그렇지 않다. 여자의 오르가슴은 남자의 도움이 필요하다. 이 도움은 충분한 대화가 있을 때만 가능하다. '하다보면 저절로 알게 되겠지' 하며 입을 다무는 것은 결코 좋은 방법이 아니다. 그가 저절로 알 때쯤이면 이미 둘 사이의 섹스는 식상할

대로 식상해 있을 것이다. 그러므로 처음부터 섹스에 관한 대화를 나누는 것이 좋다. 조금 쑥스럽겠지만 상대를 충분히 배려하면서 부드러운 말투로 시도한다면 남자들도 그 말에 귀를 기울여줄 것이다. 세상에 모든 일이 다 그렇듯, 입만 벌리고 있는다고 입맛에 딱 맞는 떡이 저절로 입속으로 들어오진 않는다. 입맛에 맞는 떡은 내 힘으로 만들어야 한다.

사랑하는 사람과 섹스하면서 상대가 기쁘지 않기를 원하는 사람은 아무도 없을 것이다. 서로를 즐겁게 하고, 행복하게 하고, 건강하게 만드는 섹스를 하기 바란다.

원나이트
스탠드의
허와 실

영화를 보면 처음 본 남녀가 이름도 몰라요 성도 몰라 상태에서 서로에게 홀딱 반한 나머지 침대로 직행해서 끝내주는 섹스를 하는 장면이 자주 등장한다. 이른바 원나이트 스탠드. 단 하룻밤만 낯선 사람과 함께 보내는 것을 말한다.

물론 영화로 보면 상당히 로맨틱하면서도 아찔하다. 하지만 실제로는 원나이트 스탠드가 로맨틱할 확률은 거의 제로에 가깝다. 섹스라는 것은 꼭 육체적 결합만을 의미하지는 않는다. 특히 섹스의 절정에 있어 '사정'이라는 과정 없이 오르가슴이 존재하는 여자들의 경우는 더더욱 그렇다. 섹스는 긴장하거나 편안하지 않은 상황에서는 절대 즐겁지 않다. 상대방에 대해서 아무것도 모르는데 섹스가 어떻게 편안하고 즐겁겠는가. 원나이트 스탠드를 해서 오르가슴을 제대로 느낀 여성은 아마 극히 드물 것이다.

아무 남자에게 가슴이나 엉덩이를 잡힌다면 대부분의 여자는 섹시하다는 느낌은 고사하고 성희롱이란 생각만 들 것이다. 섹스도 마찬가지이다. 내가 잘 아는 사람, 적어도 앞으로 계속 알아가고 싶은 상대와 할 때 비로소 섹스로서의 의미가 있다. 제아무리 영화에서 원나이트 스탠드를 미화한다고 해도, 나이트에서 만나 하룻밤 놀았던 남자와 너무나 좋았다는 이야기를 하는 여자는 없다. 만약 너무 좋았다면 그를 계속 만나고 싶다는 생각을 이미 섹스 전에 했기 때문일 것이다.

물론 섹스하고 나서 사귀는 커플도 있다. 그렇지만 그건 사귀고 난 후에 섹스를 하는 커플보다 분명 드문 일이다. 완전히 처음 보는 사람과 섹스하고 나서 사귈 확률은 더더욱 낮다. 이미 오래전부터 알아왔지만 제대로 보지 못했던 사람과의 섹스라면 또 모를까. 나이트에서 잠깐 부킹을 해서 "이런 데 자주 오시나 봐요?" 따위의 질문이나 주고받았던 남녀가 원나이트 스탠드로 인해 둘 다 즐거웠을 리는 없다. 상대방을 단백질로 이루어진 섹스머신이나 자위기구쯤으로 생각하지 않는 다음에야 섹스를 한다면 당연히 그 사람이 어떤 사람인지 궁금한 법이다.

일면식도 없고 통성명도 없었던 사람과의 원나이트 스탠드는 몸과 몸이 만난 진정한 의미의 섹스라기보다는 그냥 하룻밤 일탈에 지나지 않는다. 신도림역 앞에서 머리에 꽃을 달고 미친 척 춤을 추는 일탈이면 모를까, 그런 일탈은 행복한 연애에 별다른 도움이 되지 않는다.

Q&A

Q 여자 친구들과 가끔 모여서 섹스에 대해 이야기를 나누곤 합니다. 그럴 때마다 친구들은 꼭 오르가슴을 이야기합니다. 그러나 사실 저는 단 한 번도 오르가슴을 느껴본 적이 없습니다. 친구들 말에 의하면 오르가슴을 느끼면 몸이 공중에 붕 뜨는 것 같고 맥박도 빨라지고 호흡도 거칠어지며 신음이 절로 난다고 하는데요. 저는 그런 적이 없습니다.

그렇다고 솔직하게 오르가슴을 느껴보지 못했으니 어떻게 하면 느낄 수 있는지를 물어볼 자신도 없습니다. 다들 느끼는 오르가슴을 왜 저만 느끼지 못하는 것일까요? 남자친구와 섹스할 때마다 오르가슴 생각뿐입니다. 끝나고 나면 몇 번 느꼈냐고 묻는 남자친구에게 정말 신경질이 날 정도입니다. 몇 번 느끼기는커녕 오르가슴 자체를 느껴본 적이 없다고 사실대로 말할 수도 없으니까요. 어떻게 하면 오르가슴을 느낄 수 있는지 그 방법을 알려주세요. 저도 이제는 제대로 섹스를 했으면 좋겠어요.

_혹시 나는 불감증녀? A양

A섹스한다고 모든 여성이 오르가슴을 느끼는 것은 아닙니다. 설사 오르가슴을 느껴본 여성이라 하더라도 섹스 때마다 오르가슴을 느끼는 것은 아니고요. 여자의 오르가슴은 남자의 사정과 달라서 순전히 육체적인 반응이라기보다는 정신적인 면이 큽니다. 그래서 훨씬 더 복잡하고 섬세하지요. 이 것은 육체적으로는 최고의 쾌락이 주어진다 하더라도 정신적으로 충분히 집중하지 않으면 느끼지 못하기도 합니다. 컨디션의 영향도 많이 받고요.

우선 오르가슴을 느끼지 못했다는 강박관념에서 벗어나시기 바랍니다. 섹스는 즐겁게 해야만 나에게 즐거움을 줄 수 있습니다. 오늘만은 오르가슴을 느껴보고야 말 테다 각오해서 느껴지는 것이 아닙니다. 몇 가지 방법을 알려드리자면 섹스할 때는 최대한 섹스에만 집중하시기 바랍니다. 여러 잡다한 생각은 섹스에 몰입을 방해해서 결국은 미적지근한 섹스로 끝나게 만듭니다.

그리고 남성의 행동이나 체위 중 특히 기분이 좋다고 느껴지는 것이 있으면 그것을 반복직으로 요구하시기 바랍니다. 물론 쉽지 않겠지만 말로 표현하지 않고 몸의 언어로 표현하는 방법도 얼마든지 있습니다. 흥분할 때 신음과 그냥 내는 신음 정도는 남자도 어느 정도 구분을 하니까요.

또한 기계적으로 남성이 하는 대로 가만히 따라해서는 오르가슴을 느끼기가 힘듭니다. 여성도 섹스의 주체가 되어 능동적으로 행동하면 오르가슴이 더 쉽게 찾아올 것입니다. 그리고 최대한 전희를 길게 하시기 바랍니다. 남자만 준비되었다고 해서 바로 시작하는 섹스는 오르가슴을 느끼기에 최악의 상황입니다. A양도 섹스를 하고 싶어질 때까지 충분히 기다린 다음에 섹스하면 오르가슴이 찾아올 것입니다. 그리고 무엇보다 편안한 분위기에서 충분히 로맨틱한 분위기를 연출한 다음 천천히 섹스를 하시기 바랍니다.

섹스,
말하지 않아도
흥분되는 판타지

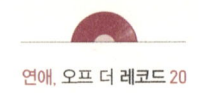

횟수에 관한
고백

가끔 여자 친구끼리 모이면 섹스 라이프에 대해 이야기를 나눌 때가 있다. 그 적나라함의 수위는 그날 마신 알코올 양이랄지 혹은 그날 분위기에 따라 다르긴 하지만 대게 신이 나면 '미쳤어 정말'을 연발하면서도 꽤 난이도 높은 이야기들이 오간다. 대개 카페나 술집에서 이야기하기보다는 은밀한 파자마 파티(말은 거창하다만 혼자 사는 누군가의 집에 우르르 몰려가서 그 집 주인의 옷 중에서 편한 복장을 골라 입고 수다를 떠는 것)에서나 가능한 일이다.

모처럼 여자 친구들이 샴페인과 와인, 그리고 각자의 잠옷을 싸들고 우리 집을 방문한 적이 있다. 때마침 모두 약속 없는 주

말을 보내고 있었고, 갑자기 내린 비 때문에 괜찮은 장소를 찾아나서는 것이 귀찮아 집에서 와인과 샴페인을 홀짝거리면서 수다나 떨기로 했다. 대부분 그런 모임에서는 요즘 하고 있는 일 이야기, 재수 없는 직장상사 흉보기, 새로 나온 화장품에 대한 검증되지 않은 효능(여자들은 거의 다 얼리어답터 기질을 가진 것 같다. 혼자만 좋은 제품을 알고 있다고 생각되면 이걸 널리 전파하지 못해 그야말로 입 안에 가시가 돋나보다), 반짝반짝 연애통신의 가십을 거쳐, 각자의 애인에 대한 이야기로 넘어간다. 애인에 대해 할 말들은 정말로 무궁무진하다. 그러나 그중에서 가장 흥미로운 주제는 섹스다.

처음 스타트를 끊은 것은 최근 애인과 헤어지고 다른 남자와 사귀려고 시도 중인 S양이었다. 그녀는 우리에게 믿을 수 없는 이야기를 했다. 헤어진 애인과 첫 섹스하던 날, 무려 14회라는 기록적인 섹스를 했다는 것이었다. 각자 '거짓말!' '설마' '그걸 다 세어봤냐?' 등의 질문과 감탄이 오가고 나자 그녀는 말했다. 첫 섹스라 긴장한 나머지 지나치게 알코올을 섭취했고 그 기운에 그만 그렇게 된 것이라고. 우리는 14회라는 놀라 나자빠질 횟수에 대체 어떻게 생겨먹은 남자기에 그게 가능한지를 묻자 그녀는 그가 자신보다 무려 일곱 살이나 연하, 즉 이십대 중반의 젊고 쌩쌩한 남자라고 했다. 우리는 일제히 우리의 이십대를 혹은 우리가 사귀었던 이십대 중반의 남자들을 생각했다. 하지만 그 누구를 생각해봐도 14회라는 기록적인 숫자는 떠오르지 않았다. 여자와 처음 자보는, 이제 막 힘이 넘치기 시작하는 고등학생이 아닌 다음에야 14회의 사정이라는 것은 불가능하다고 다들 입을 모았고, 우리는 그녀에게 의심의 눈초리를 보냈다. 그런데 누군가가 서커스나 기인열전을 보면 알 수 있지만 세상에는 범상치 않은 신체적 능력을 가진 사람들이 있을 수도 있고, 하다못해 〈생활의 달인〉만 봐도 일반인들은 결코 따라할 수 없는 것들을 코풀듯 해치우는 인간들이 얼마나 많냐며 14회의 신화를 믿어주자는 쪽으로 의견을 몰아갔다.

결국 우리는 살짝 미심쩍어 하면서도 그녀의 말을 믿을 수밖에 없었다. 그래도 그렇지 14회의 사정이라니, 나라면 그만 하라고 사정하고 싶겠다는 생각이 들었다.

14회라는 경이적인 기록에 관한 고백이 나오자 여기저기서 횟수에 관한 이야기들이 나왔다. 평균적으로 하룻밤에 제일 많이 섹스한 기록은 4회였다. 지금은 기억도 가물거리는 이십대 초반의 일들이었다. 섹스도 일종의 신체 운동이므로 나이가 들면 당연히 그 강도와 횟수가 떨어지기 마련이다. 서른이 넘은 우리의 최고 기록은 2회였다. 그나마 그것도 아주 드물게 일어나는 일이었고 대부분은 한 번의 섹스로 만족하고 파트너와 번갈아 욕실을 다녀온 다음 등을 토닥거려주고 잠을 청한다고 했다.

그때 나는 하루 동안 섹스의 가장 좋은 횟수는 1회라고 말했다. 온 힘을 다해 그리고 온 정성과 마음을 다한 섹스 1회는 걸신들린 듯이 해치우는 14회의 섹스보다 훨씬 낫다고 생각하기 때문이다.

하지만 그녀들은 이 의견에 동조하지 않았다. 그녀들은 3회까지는 힘들어도 2회 정도는 적당하지 않냐고, 잠깐 동안 같이 있는 것도 아니고 밤새도록 같이 있는데 한 번만 섹스하고 잠자리에 든다는 것은 너무 서운한 일이라고 했다. 그 이후부터 우리는 섹스의 양과 질의 관계에 대해 이야기했다. 그들은 횟수가 많다고 해서 그 질이 떨어지는 것은 아니라고 했지만 나는 아무래도 처음만은 못하다고 주장했다. 어떤 게 맞는지는 개인에 따라 차이가 있겠지만 섹스를 하는 우리나 그들이나 이제 30줄에 들어섰는데 하룻밤에 2회 이상 하는 것은 상당한 신체적 무리가 뒤따른다는 생각에는 의견 일치를 보았다.

14회의 기록을 말한 S양은 그 고백을 하면서 은근히 자랑하듯이 말했다. 지금은 헤어졌지만 섹스에서는 더할 나위 없이 정말 좋은 남자친구였다는 것이다. 나는 그녀가 아닌, 그 14회의 사정을 한 남자의 이야기를 듣고 싶었다. 정말로 너무나 좋아서 그렇게 했는지, 아니면 여자 친구를 감동시켜서 뒤로 넘어가게 하고야 말겠다는 모질고 독한 마음에서 어금니 꽉 깨물고 한 일인지를 말이다. 그의 나이가 아무리 한창때인 이십대라 하더라도 후자가 아닐까.

섹스를 막 시작했을 때, 우리는 주로 하룻밤에 몇 번이나 상대 남자가 사정했으며 또 자신이 몇 번의 오르가슴을 느꼈느냐 하는 것을 과장해서 이야기했다. 당시 우리에게는 횟수가 중요했고 그 숫자가 높으면 높을수록 좋다고 생각했다. 하지만 나이가 어느 정도 든 지금은 섹스를 오직 숫자로만 평가하지 않는다. 그것보다는 그 섹스가 얼마나 진지했으며 또 얼마나 좋았는지가 중요하다. 그렇다고 해서 그 숫자의 신화로부터 완전하게 자유로워진 것은 아니다. 여전히 우리는 황홀한 지난밤에 대해, 몇 번이나 했는지에 대한 이야기를 다소 자랑스럽게 말하니까 말이다.

그런데 신기한 것은 그날 모인 여성들 중에 기혼자도 있었는데, 결혼하면 오히려 섹스 횟수와 만족도가 더 보잘것없다는 것이다. 결혼하면 적어도 섹스만큼은 마음껏 하겠구나 했는데 그렇지 않았다. 왜 그런 이야기도 있지 않은가. 신혼 초에 섹스한 횟수만큼 항아리에 콩을 모았는데, 신혼이 지나고 나서 섹스 횟수만큼 그 콩을 꺼내기 시작하자 죽을 날을 받아놓고도 아직 항아리에 콩이 한 주먹이 남아 있더라는 이야기.

섹스를 할 때는 마음이 담긴 진실한 섹스를 해야 한다. 횟수는 중요하지 않다. 적어도 그 순간만큼은 상대의 몸도 마음도 다 사랑하는 마음으로 할 수 있는 섹스를 했으면 좋겠다.

섹스를 원하는 여자,
매력 없나요?

남자들은 여자의 내숭이 싫다고 말한다. 밥을 남기고, 약한 척하고, 좋아도 싫다고 말하는 여자들의 행동은 꼴불견이라고 말한다. 얼핏 들으면 그들도 우리만큼이나 내숭녀를 싫어하는 것 같다. 하지만 그 말을 곧이곧대로 믿었다가는 큰 낭패다. 그들은 그게 내숭인지 뻔하게 보인다 하더라도 자신을 위해 내숭을 떨어주는 여자를 좋아한다.

그래 좋다. 그게 예뻐 보인다면 그렇게 해줄 수도 있다. 밥? 좀 남겨줄 수 있다. 집에 가서 부족한 양을 채우면 되니까. 약한 척? 그것도 해줄 수 있다. 남자한테 힘자랑할 거 아니라면 좀 연약해 보인다고 해서 손해날 것 없으니까. 하지만 섹스에 대해서는 어떻게 받아들여야 할까? 그것도 역시 내숭을 떠느라 결코 먼저 원한다고 말해서는 안 되는 걸까?

새로 만난 여자친구에게 푹 빠진 지인에게 그 여자친구의 어디가 그렇게 좋으냐고 물었다. 그러자 그녀가 섹스를 거부하는 게 좋다고 대답했다. 아니, 세상에! 섹스를 거부하는 여자 친구를 좋아하는 남자가 있나 싶어 좀 자세하게 말해달라고 했더니, 섹스를 하긴 하되 입으로는 '어머 싫어요' '나 일찍 안 들어가면 혼나는데' 등의 말을 하며 자꾸만 뒤로 빼는 게 좋다는 것이다. 물론 여자친구가 진심으로 그런다고는 생각하지 않지만 그런 그녀가 조신해 보여서 좋단다.

또 다른 경우를 보면 한 여자의 남자친구는 유달리 섹스에 별 흥미가 없었다. 동거중인데도 한 달에 고작 두어 번의 섹스가 전부였다. 그렇다고 해서 만난 지 몇 년이 된 사이냐면 그것도 아니었고, 섹스에 무슨 문제가 있었냐면 그것도 아니란다. 단지 남자친구가 섹스를 좋아하지 않을 뿐이라고 했다. 그래서 그녀는 생각 끝에 딴에는 빙 둘러서 표현한답시고 "침대 옆에 있는 티슈 보이지? 저거 지금 석 달 넘게 쓰고 있는 거 알아?"라고 말했다. 그러자 그는 무척 경멸스럽다는 듯이 그녀를 쳐다보며 여자가 왜 그렇게 밝히느냐며 힐책했다고 한다. 그날 일이 너무 부끄러운 그녀는 시간이 오래 지났지만 지금도 상처로 남았다고 했다.

어째서 여자가 섹스를 원한다고 먼저 말하면 안 되는 것일까? 내가 이 질문을 했을 때 주변 남자들은 말했다. 애인이 아니라면 상관없지만(오히려 고맙지만) 여자친구가 먼저 원하는 건 싫다고 말이다. 나는 그것이야말로 너무나 이중적인 잣대가 아니냐고 했지만 그들은 그게 현실이라고 했다.

그들이 말하는 현실은 이렇다. 자신이 좋아하는 여자는 절대 섹스하고 싶다는 표현을 하지 않고, 오직 자기가 섹스를 시도할 때 매우 수줍게 응해야 한다는 것이다. 그래서 남자들은 모르는 여자가 야하게 입으면 침을 흘리며 쳐다보다가도 막상 자기 여자친구가 과감한 옷차림을 시도하면 절대 용납하지 못한다. 그런데 그 이유가 더 웃긴다. 다른 놈들이 그녀를 보면서 침을 흘리는 게 싫다나? 정말 그게 싫다면 그들부터 상관없는 여자를 보며 침 흘리는 짓을 멈춰야 한다.

남자가 성욕이 있는 것처럼 여자도 성욕이 있다. 다만 여자들은 그걸 표현하는 것을 철저하게 억누르며 살아왔을 뿐이다. 하고 싶을 때 하고 싶다고 말할 수 있는 건 여자들에게는 허락되지 않는다. 아마 많은 남자를 만나서 연애했다고 자부하는 여자라 할지라도 섹스에 대해 먼저 솔직하게 요구하기는 힘들었을 것이다. 남자들은 키스나 스킨십으로 너무도 당당하게 그녀들에게 성욕을 표현하지만 그녀들은 이 사회가 씌운 '자고로 여자란……'에서 자유롭지 못하다.

어째서 여자가 섹스를 원하면 그건 곧바로 '밝히는' 것이 되는 걸까? 남성들의 성욕은 건강으로 표현되면서 여성들의 성욕은 음탕한 것으로 치부된다. 영화에서도 성욕이 좋은 남자는 우직하고도 착한 남자로 표현되고 반대로 성욕이 강한 여자는 남자 말아먹는 요부로만 등장한다.

어쩌면 이 모든 사태는 오직 남자들 때문에 벌어진 것만은 아닐 것이다. 여자들은 섹스만큼은 지나치게 남자의 눈치를 본다. 남자가 싫어하는 것은 되도록 하지 않으려고 하며, 또 그들이 원하는 모습으로 자신을 바꾸려고 한다. 그들은 아무리 우리가 싫어해도 친구를 만나서 늦게까지 술 마시고 연락도 잘하지 않는데, 왜 우리만 그들이 하지 말라는 것은 안 하고 그들이 좋아하는 것만 해야 하는가.

섹스도 마찬가지다. 남자들이 섹스를 원하면 우리가 별로 하고 싶지 않은 순간에도 별말 없이 섹스를 한다. 정말 단 한 번이라도 스스로가 원할 때 섹스한 적이 있는가? 마침 그도 원하고 나도 원하는 순간이었던 게 고작일 것이다.

싫어도 좋은 척, 좋아도 싫은 척하는 것은 섹스할 때 가장 단적으로 드러나는 거짓말이다. 별로 좋지도 않은 섹스에도 우리는 "좋아?"라는 물음에 대답한다. 그리고 정작 우리가 섹스하고 싶은 순간에는 그걸 어떻게 표현해야 할지 몰라서 망설인다. 그들이 우리의 팬티 속으로 손을 집어넣으면 곧 섹스로 이어질 확률이 높지만, 우리가 그들의 팬티 속으로 손을 집어넣었다고 해서 섹스로 이어질 확률은 낮다. 섹스가 너무 하고 싶지만 상대방에게 말하지 못해서 그냥 있었던 밤은 섹스로 인해 황홀했던 밤들 못지않게 많았을 것이다.

섹스의 주도권은 어찌 되었건 남자들이 잡고 있다. 그들은 원할 때 아주 작은 몸짓으로도 자신의 의견을 충분하게 관철시킨다. 하지만 여자는? 거의 그렇지 않다. 우리는 설사 섹스를 원한다 하더라도 그저 그가 눈치껏 알아주기를 바랄 뿐이다.

이제부턴 우리에게 다시 애인이라고 부를 만한 남자친구가 생긴다면 한 번쯤은 시도해보자. 비록 밝히는 여자라는 소리를 듣고, 그로 인해 그와 끝나는 한이 있더라도 말이다. 이제는 내가 하고 싶은 걸 하고 싶다고 솔직하게 말하고 살자. 여자가 섹스에 대해 이야기하고 그것이 주는 즐거움에 대해 말하는 것이 큰일 나는 세상은 이미 오래전에 지나갔다.

그녀들의
콘돔 생각

혹시 이런 경험 없는지. 아무런 대책 없이 섹스하고 난 다음 괜히 달력을 보면서 불안해하거나(이럴 때는 꼭 생리 날짜가 생각이 안 나거나 생리불순이다), 아니면 약국에 가서 테스트기를 산다음 빨간 줄이 두 개가 나올까 봐 손톱을 물어뜯으며 초초하게 결과를 기다리는 경험 말이다. 친구에게 의논해보지만 그녀들 역시 테스트기를 이용하거나 병원에 가보라는 조언 외에는 아무것도 해줄 수 없다. 그저 그 순간의 불안함을 조금이라도 나누고 싶은 간절함 뿐, 실질적인 도움이 되지 않으리란 것을 그녀는 이미 알고 있다.

섹스하면 가장 먼저 생각해야 할 것이 바로 임신이다. 한 달에 한 번씩 생리하는 여성에게 남자가 사정을 하면 당연히 임신이 된다. 싱글맘이 될 생각도 없고 수술대 위에 누울 마음도 없다면 피임은 꼭 해야 한다. 피임에는 여러 종류가 있겠지만 경구피임약 같은 경우 메스꺼움과 구토 같은 부작용이 있기 때문에 많은 여성이 꺼린다. 게다가 날이면 날마다 섹스할 것도 아닌데 매일 약을 복용해야 하는 것도 부담스럽다.

병원에 가서 루프 등의 시술을 받는 방법도 있는데 아무런 느낌이 없다고는 하지만 주변의 경험담을 들어보면 생리 양이 줄어든다든가 생리통이 심해지는 부작용이 있다고 하니 역시 조금 꺼려지기는 마찬가지다. 그렇다면 가장 간편하게 이용할 수 있는 피임법은 콘돔이다.

콘돔은 여성이 하는 피임법이 아닌 남성이 하는 것이므로 그들의 적극적인 협조 없이는 불가능하다. 간혹 콘돔을 착용하자는 말에 '밖에다 할게'라며 체외사정을 하자고 말하는 남자들이 있다. 하지만 절대 거부해야 한다. 정액은 사정할 때만 나오는 게 아니라 일단 남자의 페니스가 커지면 조금씩 새어나온다. 실컷 하다가 정액이 나올 순간에만 쏙 빼고 다른 곳에 사정한다고 해서 안심할 수 없다. 거기다 남자들이 극도로 흥분한 상태에서 그 순간이 오기 전에 재빨리 이성적으로 페니스를 밖으로 뺄 수 있을까?

사실 집이 아닌 밖에서 섹스하게 될 경우 어지간한 숙박시설에는 콘돔이 갖춰져 있다. 자판기든, 침대 옆 테이블에 놓인 콘돔이든 구하는 게 그리 어려운 일이 아니다. 하지만 그의 집 혹은 나의 집이라면 이야기는 달라진다. 물론 똘똘한 여자들은 집에 콘돔을 갖춰놓기도 하지만 웃기게도 남자들은 여자 혼자 사는 집에 콘돔이 있으면 상당히 찝찝한 표정을 짓는다. 여자들 역시 내가 집에 꼭 콘돔을 사놓으라고 하면 약간 망설이며 말한다.

"집에 콘돔이 있는 건 너무 막나가는 것처럼 보이지 않을까요?"

콘돔을 사용하지 않을 경우에 일어날 수 있는 그 모든 최악의 상황을 단지 콘돔 하나로 막을 수 있는데 어째서 그걸 창피해하는지 모르겠다. 순진해 보이려고? 순수해 보이려고? 순진하고 순수해 보이다가 임신하면 하늘이 알아서 다 해주시나? 아니다. 어떤 상황에서든 혼전 임신이라면 분명 심각한 문제가 된다. 남자한테 조신한 척하느라 그 모든 위험을 감수하느니 차라리 막나가게 보일지라도 안전한 길을 택하는 것이 좋다.

요즘이야 그런 남자를 찾기가 힘들겠지만 가끔 콘돔은 느낌이 떨어져서 싫다든가 아니면 이물감이 느껴져서 싫다고 말하는 남자도 있다. 정말 개풀 뜯어먹는 소리다. 콘돔이 무슨 고무

장갑만큼 두껍지 않은 이상 느낌에 별 차이가 없다. 당연히 맨살과는 다를 테지만 그것도 습관 나름이다. 흔히 설거지할 때 어머니들은 귀찮다며 고무장갑을 끼지 않지만 우리는 컵 하나를 씻어도 손을 보호하려고 악착같이 끼지 않는가. 하고 안 하고의 차이지 느낌이나 이물감의 문제가 아니다. 아직도 그런 말을 하는 원시인을 만나거들랑 다시 한 번 생각해보길 바란다. 그런 놈들은 지들 느낌 떨어진다는 둥 하면서, 콘돔 사용을 거부하다가 문제 생기면 아무런 책임도 지지 않고 도망가는 인간들이다.

그렇다면 콘돔을 사는 것이 창피한 여성들은 과연 어떻게 집에 콘돔을 보관할 수 있을까? 약국이나 편의점을 이용하는 것보다는 대형마트를 이용하는 게 훨씬 낫다. 달랑 콘돔 하나만 살 것이 아니라 쌀이랄지 물이랄지 아무튼 생필품과 같이 구입하는 거다. 콘돔 역시 그 생필품과 하나 다를 바 없다. 콘돔이야말로 떨어진 쌀과 물보다 어떻게 보면 더 중요한 생필품이 아니겠는가. 쌀이 없으면 라면 좀 끓여먹으면 되고 물이 없으면 수돗물 하루 마신다고 죽진 않는다. 하지만 콘돔은 없으면 누군가가 죽어야 할 수도 있다. 그리고 그 결정은 지금 콘돔 사기를 망설이는 당신이 해야 한다. 약국과 편의점, 자판기도 모자라 대형마트까지 콘돔을 판다면 그건 분명 생필품이다. 그러니 섹스를 즐기는 여성이라면 지금이라도 당장 마트에 가서 콘돔을 사라.

간혹 콘돔을 착용해도 문제가 생기는 경우가 있는데 그건 콘돔을 그야말로 대충 끼웠기 때문이다. 안에 공기를 완전히 빼고 페니스에 밀착되게 씌워야 한다. 제대로 착용한 콘돔이 '임신이면 어쩌지' 같은 근심걱정을 단박에 날려준다. 이제 더 이상 달력이나 테스트기를 보면서 불안해하지 말자. 아무리 임신 주기를 잘 확인한다고 하더라도 사람 일은 모른다. 단 한 번의 피임 없는 섹스가 임신으로 연결되지 않는다고는 그 누구도 보장할 수 없다.

혹시 이 글을 읽는 남자들 중에서 어쩌다 혼자 사는 여자친구의 집에 초대되는 행운을 맞이하게 된다면, 거기서 행운의 여신이 미소 지어서 아주 기분 좋게 섹스까지 할 수 있게 된다면 그 여자의 집에서 콘돔이 나올 때 최소한 아무 표정도 짓지 말기를 바란다. 조금이라도 이상한 눈빛을 보이면 행운의 여신은 미소를 거두고 당신은 그 여자를 더 이상 만나지 못하게 될 테니까. 그리고 기왕이면(섹스는 무드 아닌가) 그녀의 준비성이 정말로 사랑스럽다는 말이라도 덧붙여줘라. 그럼 아마도 당신을 향해 미소를 짓던 행운의 여신은 그녀의 마음까지 덤으로 줄 것이다.

여자들은 집에 콘돔을 하나쯤 꼭 비치해두길 바란다. 여관이나 모텔 혹은 호텔만 이용한다고? 그렇다면 자판기를 이용하더라도 핸드백 속에 하나쯤은 넣어두어라. 혹시 자판기가 고장날지도 모르고 없을지도 모른다. 남자가 준비해주면 더 좋겠지만 알다시피 세상 남자들이 전부 임신을 자기 일처럼 생각하고 여자에게 그런 불행을 안겨줘서는 안 되겠다 싶어 콘돔을 가지고 다니지는 않는다. 그렇다면 우리가 준비하자. 그리고 그걸 조금이라도 이상하게 보는 놈이 있으면 미련 없이 발로 뻥 차버리자. 왜냐하면 우린 소중하니까.

그녀를
안고 싶나요?

만약 당신이 남자라면, 그리고 아이돌 멤버 중에서 '비주얼 담당입니다' 하고 소개를 할 정도로 생겼거나 아니면 옷을 벗었을 때 초콜릿 복근을 비롯한 각종 잘 관리된 잔근육을 장착하고 있어서 이대로 그림을 그리면 다비드겠구나 한다면 지금부터 내가 하는 말은 아무 소용이 없을지도 모르겠다. 왜냐하면 당신 같은 남자라면 굳이 이런 글을 읽지 않아도 주변에는 당신과 만나고 싶어 하는 여성들이 얼마는지 차고 넘칠 테니 말이다(물론 비주얼이 전부는 아니지만 연애에 있어 이런 비주얼들이 얼마나 큰 점수를 따고 들어가는지는 굳이 입 아프게 설명하지 않아도 모두들 동의하리라 본다).

하지만 그렇지 않은 대부분의 평. 범. 한. 대한민국의 남자들은 노력을 해야 한다. 성형수술을 하거나 헬스클럽을 끊고 달걀 흰자만 먹어가며 코피 터지게 몸을 만들라는 이야기는 아니다. 그것과는 다른 차원의 노력, 굳이 표현하자면 인내심 정도가 되겠다.

여자들은 이상하게도 자기에게 관심 있는 티가 많이 나는 남자는 좋아하지 않는다. 마찬가지로 자길 안고 싶어 하는 걸 노골적으로 드러내는 남자도 좋아하지 않는다. 안고 싶은 여자가 안으려고 할 때 흔쾌히 응해주면 좋겠지만 그렇지 않은 경우가 더 많다. 그럼 이때 어떻게 해야 할까? 오르지 못할 나무라고 생각하고 포기해야 하나? 정말 그 여자가 너무너무 좋아서, 그래서 그녀를 안고 싶고 사귀고 싶다면 쉽게 포기하지 않았으면 한다.

본론에 들어가기 전에 여기서 말하는 '안고 싶음'은 어디까지나 좋아한다거나 사랑하기 때문에 안고 싶다는 의미다. 단지 여자를 자빠뜨리는 게 목적이라면 전혀 도움이 되지 않을뿐더러 그 잠깐의 쾌락을 위해 이 노력을 할 남자가 있을까 싶다.

만약 여자 쪽에서 눈곱만큼의 호감도 없다면 이 노력 자체가 무의미하다. 여자는 싫은 남자에게는 절대 마음도 몸도 열지 않는다. 열 번 찍어 안 넘어가는 나무가 없는 게 아니라, 여자가 이미 열 번째에 '이쯤에서 못 이기는 척 넘어가줘?' 하고 마음을 먹어주는 것이다.

안기에 실패하는 남자들의 유형은 딱 한 가지이다. 너무 성급하게 '들이댐의 기술'을 발휘하는 유형이다. 몇 번 보지도 않았는데 좋아한다는 티를 팍팍 내고 더불어 섹스하고 싶다는 의중마저 슬그머니 들이미는 남자는 여자에게 절대 매력이 없다. 이상 언급한 남자들 같은 유형을 여자는 원하지 않는다.

그렇다면 어떻게 해야 할까? 일단 인내심을 갖고 기다려야 한다. 여자 쪽에서 '이것 봐라? 이쯤 되면 손을 잡을 때도 되었는데 이 인간은 왜 이러지?'라는 생각이 들 때까지 참고 또 참아야 한다. 어설프게 노래방이나 비디오방에서 안고 키스하려고 들이미는 남자는 백이면 백 다 여자들이 싫어하는 남자이다.

물론 그녀 쪽에서 상대방에 대한 호감도가 아주 높다면 문제없겠지만 인간적인 약간의 호감만으로 출발한 사이라면 이건 위험하기 짝이 없는 행동이다. 그나마 당신에게 가졌던 약간의 호감마저 깡그리 날려버릴 핵폭탄인 것이다. 손을 잡아도 어색하지 않을 장소와 분위기, 그리고 눌만 있는 공간으로 갈 수 있는 단계임에도 그러지 않는 것. 그것은 여자에게 신뢰감과 동시에 묘한 호기심마저 불러일으킨다.

간혹 여자들은 자신의 타입이 전혀 아닌 남자에게 홀딱 반하기도 한다. 겉으로 볼 때는 누가 봐도 '그녀'가 아닌 '그'가 반해야 하지만, 이상하게도 그녀는 별로 매력이 없어 보이는 그에게 반했다. 그리고 처음 그를 만나며 여자는 생각한다. '그래 너도 얼마 안 있으면 손을 잡고 키스하고 그리고 나서는 섹스하려고 하겠지? 그렇지만 쉽지는 않을 거야' 하고 말이다.

하지만 이 남자, 그녀가 생각했을 때 충분히 그럴 수 있는 순간조차도 그러지 않았다. 그러자 그녀는 점점 더 이 남자가 신경 쓰이고 더 나아가서 그를 유혹하고 싶은 마음마저 든다(물론 이 유혹에도 그 남자는 넘어가지 않았고, 그게 더 큰 매력으로 작용했음은 두말하면 잔소리다).

반대의 경우, 누가 봐도 매력적이고 괜찮은 남자가 있다. 하지만 이 남자는 처음 만난 날부터 반지가 예쁘다는 핑계로 그녀의 손을 만지작거렸고 술자리에서는 더없이 느끼한 표정으로 그녀를 바라봤다. 그것도 모자라서 노래방에서는 포옹까지 시도했다. 그녀는 생각한다.

'이 남자 아무 여자만 보면 이러나? 이렇게 바람둥이 기질이 철철 넘쳐서야 어디 사귀어도 안심하고 밖에 내놓겠어?'

결국 그녀는 그를 더 이상 만나지 않는다. 외모만 보고 철퍼덕 엎어지는 여자가 아니라면 대부분은 그를 포기할 것이다.

흔히 남자들이 생각하는 터프한 매력, 그건 섹스에서는 전혀 필요가 없다. 강제로라도 키스하고, 자빠뜨리고, 힘 있게 섹스 한번 해주면 여자들이 넘어올 거라는 생각은 정말 잘못된 것이다. 도덕적으로 옳고 그름의 문제를 떠나서(물론 이것은 간단하게 넘길 문제가 아니지만 이 글의 본질에서 벗어나므로 잠시 접어두겠다) 그렇게 해서는 여자의 마음을 가질 수도 없고 여자를 안을 수도 없다.

여자가 몸이 달아오르게 만들라는 이야기가 아니다. 여자에게 다급하게 다가서지 말고 충분히 시간을 두고 기다리라는 말이다. 위에서 말한 것처럼 '안는다'는 의미는 단순하게 일회성 섹스를 말하는 게 아니다. 그렇다면 조금 더 기다린다고 손해 볼 것도 없다. 무엇보다 그녀가 나를 매력적으로 느끼도록 하는 게 중요하다. 이것은 술기운을 빌리거나 잠깐의 무드 조성만으로 이뤄지지는 않는다. 먼저 그녀에게 나를 관찰할 충분한 시간을 주고 나 역시 그녀에게 내가 어떤 사람이라는 것을 적극적으로 보여주어야 할 것이다.

여자는 무의식적으로 이런 생각을 한다. '이 남자가 나와 섹스하기 위해서 만나는 건 아닐까?' 혹은 '이렇게 하다가 헤어지면 내 손해가 아닐까?'

여자들의 이런 생각이 일종의 피해의식이라고 말해도 어쩔 수 없다. 사실은 사실이니까. 한 남자와 지속적으로 섹스하는 여자라면 한번쯤 해보는 생각이다. 사랑하는 그녀가 이런 생각을 안 하게 하려면 방법은 하나다. 너무 서두르지 않고 천천히 다가가는 것, 그리고 그녀가 원할 때 하는 것. 이것이 섹스의 기술이고 사랑의 방법이다.

너무 말랐거나
혹은 지나치게 통통하거나

텔레비전에서 청바지에 티셔츠 하나만 걸쳤을 뿐인데도 너무나 섹시한 여자 연예인을 볼 때면 다들 한 번쯤은 부러움의 한숨을 쉬었을 것이다. 더구나 요즘은 인형같이 예쁜 여자보다는 섹시한 여자가 대세이고, 여자에게 최고의 찬사는 '섹시하다'는 말이 아니던가. 하지만 나를 비롯해서 대부분의 여자는 가만 있어도 섹시함이 철철 넘치는 외모와는 거리가 멀다. 섹시하기에는 너무 비쩍 말랐거나 혹은 지나치게 통통하거나 둘 중에 하나다.

너무 마른 여자의 경우, 속옷 가게에서 브래지어 하나 살라치면 기어들어가는 목소리로 말해야 한다.

"저기, 제일 작은 사이즈로 주세요."

어째서 가슴은 중학생 때의 그것에서 조금도 성장하지 않았으며 목욕탕에 가면 아줌마들이 '학생, 서로 등 밀어줄까?' 하고 접근하는 것일까? 누가 봐도 학생 같은 몸매, 정말 착하고도 겸손한 몸매의 여성들은 굳이 자신을 겨냥하지 않더라도 벽에 붙은 껌이라느니 절벽이라느니 하는 농담이 오가면 그만 얼굴이 화끈거린다. 어떤 옷을 입어도 허수아비에 부대자루를 두른 것 같고, 남들은 S라인이 어쩌네 하지만 완벽한 I라인에서는 그 어떤 굴곡도 찾을 수 없다.

통통한 여자들도 마찬가지다. 스키니진 따위는 왜 유행해가지고 사람 기죽게 만드는 걸까? 커피 한 잔을 마셔도 남들 다 얹어서 먹는 생크림은 엄두도 못내고 그나마 시럽마저도 빼고 먹어야 한다. 옷가게에는 예쁜 옷들이 넘치지만 그야말로 그림의 떡이다. 내가 입으면 찢어지거나 도무지 태가 나지 않거나 둘 중 하나일 테니까. 세상에서 제일 재수없는 것들은 먹어도 살이 안 찐다고 말하는 것들이다. 물만 먹어도 살로 가는 내 앞에서 아무렇지 않게 그런 이야기를 하면 그 자리에서는 부럽다고 말하지만 실은 입을 쫙 찢어놓고 싶을 만큼 울화가 치민다.

결론은 너무 말랐거나 통통한 여자들은 섹스를 할 때도 자신감이 없다는 것이다. 너무 마른 여자는 자신의 빈약한 가슴이

나 툭 튀어나온 갈비뼈 때문에 남자가 비웃지나 않을지, 또 너무 통통한 여자들은 늘어지는 뱃살과 출렁이는 허벅지살 때문에 남자가 놀라지나 않을지 걱정한다. 하지만 전혀 걱정할 필요가 없다. 우리가 생각하는 정형화된 섹시함과 실제의 섹시함은 다소 차이가 있다. 누구나 다 모바일 화보 속에 등장하는 여배우처럼 섹시할 필요는 없다. 섹시함은 때로는 지적인 면에서, 또 어떨 때는 일에 몰두하는 모습에서도 나온다. 단 하나 기억해야 할 것은 여자는 여자로서의 매력을 발산할 때 남자 역시 남자로서의 매력을 보일 때 가장 섹시하다는 것이다. 섹시함은 비단 외모에서만 드러나는 것은 아니다. 작은 손길 하나, 눈빛 하나로도 얼마든지 섹시한 여성이 될 수 있다.

만약 남자에게 당장에라도 침대에서 함께 뒹굴고 싶게 만들 뿐인 섹시함을 원한다면 그건 외모만으로도 충분하다. 하지만 그 섹시함이 단발성에서 끝나지 않고 지속적으로 발휘하기 위해서는 분명 겉으로 보이는 섹시함 이외에도 그 무언가가 필요하다. 그렇다면 섹시함과 거리가 먼 여자가 섹시하게 보일 수 있는 방법은 무엇일까?

흔히 섹시한 옷차림이라고 생각하는 과감한 옷들은 오히려 이럴 때 도움이 안 된다. 그저 살만 많이 보여준다고 해서 섹시하다고 생각하면 착각이다. 물론 그런 여자들을 남자들이 쳐다

보기는 하지만 어디까지나 늑대의 본능에 의한 끌림일 뿐이다. 그 찰나의 본능에 기댈 게 아니라면 그런 섹시함은 포기하는 게 좋다. 나이트클럽에서 부비부비 댄스를 출 때에나 먹힐 것 같은 섹시함? 그건 진정한 섹시함이 아니다. 오히려 완전히 온몸을 가리는 단순한 옷이라도 실루엣이 드러나는 옷이 반나체나 다름없는 옷보다 훨씬 더 섹시하다.

섹시함은 겉으로 너무 드러나서는 안 된다. 은근히 보일 듯 말 듯한 섹시함이 뇌리에 박혀서 오랫동안 당신을 섹시한 여성으로 각인시킨다. 남성들이 말하길 지나치게 섹시한 옷만 입던 여성이 어느 날 수수한 옷을 입었을 때 오히려 더 섹시해 보인다고 했다. 여자들이 섹시하다고 생각하는 것들은 어쩌면 우리만의 착각에서 나온 건지도 모른다.

섹시함은 의외성에서 나온다. 전혀 섹시할 것 같지 않은 상황이나 옷차림으로 섹시해 보이는 것, 그것이야말로 섹시함이 도달할 수 있는 최고의 경지가 아닐까?

끝으로 섹시함을 오직 성적 매력의 발산이라고 생각하는 여성들에게 말하고 싶다. 섹시함은 더 이상 골빈 여자라든가, 쉬운 여자라는 말과 같은 말이 아니다. 섹시함에는 당당함과 지적임, 그리고 자신감이 포함된다. 아무리 섹시한 몸매를 가졌더라도 머리가 텅 비었거나 자신이 하는 일에 끊임없이 불만을 가지고 있는 여성, 그리고 어디서나 주눅이 든 태도를 가지고 있는 여성은 결코 섹시할 수 없다. 여전히 섹시 아이콘인 김혜수만 보더라도 알 수 있다. 그녀는 연예계에서 결코 어리지 않다(흔히 섹시함은 젊고 탱탱함으로 대변된다). 또한 대중에게 보일 이미지를 그녀 스스로가 결정한다. 기획사에서 섹시 콘셉트로 가자고 해서 마구 벗어젖히는 나이 어린 후배들과는 다르다. 그녀는 누군가에게 끌려다니거나 지배당하지 않는다. 바로 이런 여자들이 섹시한 여자다.

단지 젊고 예쁘지 않다고 해서, 다소 마르거나 뚱뚱하다고 해서 섹시함을 포기해서는 안 된다. 어떤 상황에서도 여자로서의 기쁨을 포기하지 않는 것, 그것이 바로 섹시함의 출발이다.

잘한다는 게
뭘까?

근사한 남자를 만났다고 말하면 주변의 친구들은 이렇게 물어본다.

"아직 안 자봤지? 자봐. 자보고 나서 자랑해도 안 늦어."

그만큼 여자들에게 섹스의 퀄리티, 즉 속궁합이 중요해졌다는 이야기다. 흔히 남자들이 섹스를 잘한다는 기준은 여자들과 많이 다르다. 그들은 일단 여자의 몸 속으로 들어가고 본다. 그리고는 마찰음이 들릴 정도로 좌우 전후로 페니스를 움직이며 또 중간중간 자세를 바꾼다. 하지만 그들이 자세를 바꿀 때의 표정을 자세히 보면 자신이 좋아서 바꾸는 것 같지는 않다. 어디까지나 여자를 만족시키기 위한, 또 좀 더 깊이 강하게 삽입

하고 거칠게 움직임으로써 여자에게 신음을 이끌어내기 위한 것처럼 보인다.

하지만 서커스 곡예하듯 남자가 헐떡거리는 동안 그 아래 누워 있는 여자들은 황홀한 섹스를 하고 있다고 생각하지 않는다. 아무리 거칠게, 깊게, 자세까지 이리저리 바꿔가면서 해도 이건 무슨 스포츠를 하는 건지 섹스를 하는 건지 알 수 없다는 생각만 들 뿐이다.

어쩌면 남자들이 섹스를 잘한다는 기준을 잘못 알고 있는 이유가 포르노 때문인지도 모른다. 포르노 배우들은 섹스하기 전에 절대 오래 애무하지 않는다. 그저 가슴 몇 번 주무른 다음 바로 페니스를 세워서 여자가 얼굴을 일그러뜨리며 신음을 내도록 만든다. 그러나 그건 포르노지 섹스가 아니다. 비록 배우들이 실제 정사를 펼친다 하더라도 그건 어디까지나 연기일 뿐이다. 물론 아주 극도로 흥분한 상태에서 미처 애무할 겨를도 없이 거칠게 하는 섹스도 있을 수 있지만, 별로 흥분하지도 않았고 애무할 시간이 충분한데도 무슨 운동하듯 섹스하는 건 가까이 하기엔 너무 먼 섹스일 뿐이다.

예전에 섹스를 잘한다고 착각하는 남자를 만난 적이 있다. 그가 자신이 섹스를 잘한다고 생각하는 이유는 이러했다. 우선 자신의 페니스가 남들보다 크며, 몇 분 간격으로 온갖 체위를 다 구사하고, 결정적으로 사정하고 싶은 걸 용케도 참아내어 무척 긴 시간 동안 피스톤 운동을 할 수 있다는 것이었다. 그는 여자들이 자기와 한 번 자고 나면 떨어질 줄 모른다는 둥, 사귀게 될 수밖에 없다는 둥 별별 소리를 다했다. 대체 어떤 이상한 여자들이 섹스를 잘한다고 칭찬을 해줬는지 모르겠지만 적어도 내가 보기에 그는 자만심으로 가득한 섹스 저능아였다.

많은 여자가 말한다. 섹스를 잘하는 남자는 테크닉이 화려하거나 다양한 체위를 구사하는 남자가 아닌 천천히 그리고 부드럽게 여자의 몸을 열어갈 줄 아는 남자라고. 사흘 굶은 똥개가 밥을 먹듯 게걸스럽게 해치우는 섹스가 아닌, 기분 좋게 앉아서 음악도 듣고 물도 마셔가며 먹는 정찬이랄까. 말로 나누는 대화보다 상대방을 더 배려하고 상대의 말에 귀를 기울일 줄 아는 것이 진짜 섹스의 테크닉이다. 남의 말을 끊고 자기 말만 끊임없이 하는 사람이 가장 최악의 대화 상대이듯, 섹스 또한 자신의 욕구만 채우고 상대방의 기분은 전혀 배려하지 않아서는 좋은 섹스가 이뤄질 리 만무하다.

섹스는 스포츠가 아니다. 섹스는 몸으로 쓰는 시와 같다. 상대방에 대해 알아가고, 상대방의 저 깊은 곳에 위치한 기쁨을 일깨워주는 것이다. 그런 행위가 어떻게 삽입과 심한 피스톤 운동 그리고 끊임없는 자세 바꿈과 사정만으로 될까.

남자도 여자도 상대방을 정말로 소중히 여기는 게 중요하다. 그리고 여자들은 그냥 시체처럼 가만히 누워 있으면 된다고 생각하면 안 된다. 마찬가지로 여자도 남자들의 몸을 아끼고 사랑하고 쓰다듬고 애무할 필요가 있다. 마지막 절정의 순간에는 다소 거칠어진다 하더라도, 섹스는 하는 내내 거칠고 씩씩대기만 하는 무언가가 아니다.

섹스를 잘하려면 상대를 진심으로 대해야 한다. 이 순간만큼은 그녀가 나의 공주님이고 그 역시 나의 왕자님이어야 한다. 상대를 최고의 위치에 올려주고 나 역시 최고가 되어야 한다. 적어도 섹스에 있어서만큼은 누구는 받고 누구는 해주는 게 없어야 한다. 두 사람 다 하인인 동시에 왕이어야 하며 기쁨도 나 혼자가 아닌 둘이 같이 느껴야 한다.

언젠가 노래를 너무나 잘 부르는 남녀 가수가 듀엣을 하는 걸 들은 적이 있었는데 그 둘의 앙상블은 완전 엉망이었다. 서로 자신의 기교를 부리기만 바빴지 상대방의 목소리를 보조할 생각은 조금도 없어 보였다. 바이브레이션과 음 뒤틀기 묘기만 가득한 기묘한 소리만 난무했지, 화음이라고 부를 만한 건 그 어디에도 없었다. 섹스도 똑같다. 각자 너무나 섹스를 잘한다고 생각하는 남녀가 만났다 할지라도 먼저 상대방을 파악해야 한다. 그저 너는 누워서 내 기술이나 즐기시지 하는 태도는 결국 상대방에게 끔찍한 섹스의 기억만 남길 뿐이다.

각자 경험도 많고 들은 것도 많으며 아는 것도 많을 것이다. 그래도 처음 섹스를 하는 상대와는 아무것도 모른다고 생각하고 시작하는 게 좋다. 사실 섹스는 누가 가르쳐주지 않아도 본능적으로 알게 되는 것이다. 우리가 만약 포르노나 야한 잡지를 보지 않았다면 섹스가 뭔지 몰라서 하지 못했을까? 영화 〈블루라군〉을 보면 무인도에 남겨진 두 남녀 아이가 자라면서 자연스럽게 섹스하는 장면이 나온다. 이렇게 아무도 가르쳐주지 않아도 할 줄 아는 게 섹스이고, 섹스는 인간의 본능이다. 하지만 여기서 굳이 동물의 본능이라고 하지 않는 건 인간의 섹스는 대화가 가능하기 때문이다.

충분한 대화와 서로에 대한 배려는 인간의 섹스에서만 볼 수 있다. 그저 동물적인 삽입과 사정만으로 이루어진 섹스를 할 게 아니라면, 그리고 정말 잘하고 싶다면 우선 기존에 가졌던 모든 고정관념에서 자유로워져야 한다. 이 순간만큼은 모든 걸 다시 배우고 처음 시작한다는 마음으로 조심스럽게 나를 보여주고 또 상대를 알아가야 한다. 그러면 분명 당신은 여태까지 해왔던 섹스보다 훨씬 더 아름답고 행복한 섹스를 즐길 수 있을 것이다.

누구에게나
섹스 판타지는 있다

사람에게는 여러 가지 환상이 있다. 언젠가 영화에서 본 적이 있는데 미래에는 가상현실이라는 것이 가능하며, 그 가상현실을 실현시켜주는 곳에서 사람들은 각자의 판타지를 마치 실제처럼 체험한다. 누군가는 직장상사를 실컷 두들겨 패는 환상을, 또 누군가는 사람들의 환호 속에서 상을 받는 환상을, 또 누군가는 늘씬한 두 명의 금발 미녀와 정사를 벌이는 환상을 즐긴다.

만약 이런 게 실제로 가능하다면 어떨까? 아마 가장 많은 사람이 성적 환상을 실현시켜달라고 부탁할 것이다. 왜냐하면 다른 판타지들은 개인의 노력 등에 따라서 이룰 수 있지만 성적 판타지는 그렇지 않기 때문이다. 물론 돈을 주고 상대방에게 자신의 성적 판타지를 해소해달라고 할 수도 있고, 아니면 섹스파트너에게 부탁할 수도 있겠지만, 글쎄다…… 보통의 소심하고 평범한 사람들이 그저 상상 안에서만 존재할 뿐인 그 판타지를 실제로 옮길 용기가 있을까?

언젠가 잡지에 기고할 칼럼을 준비하면서 사람들의 성적 판타지에 대해 인터뷰한 적이 있었다. 어떤 이는 자신에게 막 주사를 놓으려 하는 간호사와 섹스하는 성적 판타지를 가지고 있었고, 인종이 다른 두 미남과 더블섹스를 하는 판타지를 가진 사람도 있었다. 질문해본 결과 주변 사람들이 가장 많이 선호하는 성적 판타지는 주로 복장에 관한 것이었다. 사람들은 간호사, 경찰 등 특수한 제복을 입은 사람에게 섹시함을 느꼈다. 아마도 그런 복장을 한 사람들과 섹스할 일이 거의 없고, 제복에서 오는 딱딱함이 오히려 성적 상상력을 극대화시키기 때문일 것이다. 설사 이런 제복을 입는 일에 종사하는 사람을 연인으로 둔다 하더라도 결과적으로 그들이 원하는, 이를테면 간호사의 치마를 들어올린다거나 경찰 제복의 벨트를 거칠게 푸는 일 같은 건 실제로 일어나기가 매우 어렵다.

한 친구는 성적 판타지가 섹스 도중의 전화였는데 과감하게도 그녀는 그걸 실제로 해보았다고 했다. 사귀는 남자친구에게 충분히 동의를 구한 다음 섹스 도중 아는 친구에게 전화를 하라고 시켰다. 그는 무척 흥분한 상태였지만 비교적 평정심을 가장해가며 아는 친구에게 전화를 했고, 그녀는 그가 흥분한 것을 들키면 안 되는 상황에서 더욱더 그를 흥분시켰다고 한다. 결과적으로 그녀의 판타지는 성공적이었고 그의 만족도도 매우 높았다고 한다.

모든 성적 판타지를 실제로 실현시킬 수는 없다. 만약 실현시킨다면 그건 더 이상 판타지가 아니다. 하지만 상대방이 성적 판타지를 충분하게 들어줄 수 있는 사람이라면 자신이 가진 수많은 성적 판타지 중에서 하나 둘쯤, 운이 좋으면 셋이나 넷도 실현 가능하다. 물론 상대방을 너무나 사랑하고, 상대방을 생각하는 것만으로도 섹스 도중 정신을 잃을 정도로 황홀하다면 굳이 환상 같은 건 필요하지 않다. 그러나 다시 말하지만 환상을 실현시키고 싶다면 반드시 상대방의 동의가 필요하며, 또 상대방이 충분하게 해줄 수 있을 만한 것만 요구해야 한다. 그것만 지킨다면 섹스가 좀 더 풍부해지지 않을까. 섹스를 단지 삽입-운동-사정이 전부라고 생각한다면 모르겠지만 말이다.

가족과 섹스를
이야기하다

가족과 섹스에 대해 대화할 수 있는 여자들이 얼마나 될까?

엄마와 이야기를 하다가 나도 모르게 "어제 남자친구가 자고 갔거든"이라고 말한 적이 있다. 아차 싶지만 때는 이미 늦었다. 남자친구와 손만 잡고 잤으니까 걱정 말라고 한들 그 말을 누가 믿겠는가. 보수적이든 개방적이든 아마도 세상 모든 부모는 당신의 결혼하지 않은 딸자식만큼은 생물학적으로 처녀이길 바랄 것이다. 비록 그 딸이 독신생활을 한 지 십 년이 넘었고 서른이 다 되어가는, 그리하여 객관적으로 볼 때는 오히려 생물학적 처녀인 것이 더 이상하다는 사실 같은 건 중요하지 않다.

그 순간 엄마에게 어떻게 변명해야 할지 무척 곤혹스러웠지만 정작 나보다 더 당황하는 건 엄마였다. 나가서 저녁을 먹기로 약속해놓고서는 내가 좋아하는 김치전을 해줄까를 묻고, 새로 산 굽 높은 신발이 익숙하지 않아서 넘어질 뻔했다는 이야기를 하고 또 했다. 엄마에게 무슨 이야기든 해주고 싶었지만 나 또한 아무 말도 할 수 없었다. 그날 저녁 집을 나서는 나에게 잠시 망설이더니 엄마가 말을 꺼냈다.

"너 꼭 피임은 해야 한다. 알겠지?"

이 말을 하면서 엄마는 나를 똑바로 쳐다보지 못했다. 자식에게 섹스니 피임이니 그런 말을 한다는 것이 엄마에게는 너무나 곤혹스러운 일이었던 것이다.

요즘 엄마들은 딸아이가 첫 생리를 시작하면 케이크를 사서 작은 축하파티를 해준다고 한다. 당신의 딸이 더 이상은 '여자아이'가 아닌 '여자'라는 성을 갖게 됨을 축하하는 것이다. 하지만 엄마에게 딸이 여자가 되는 것은 어디까지나 한 달에 한 번 생리혈을 몸 밖으로 흘려내보내는 것일 뿐, 그녀가 남자와 섹스할 수 있고 그 결과로 임신이 가능하다는 걸 말하는 건 아니다. 우리 엄마 세대는 거의 모든 여자가 생물학적으로 처녀인 상태에서 결혼하고, 그리하여 첫날밤 이불 위에 혈흔 한 조각을 남김으로써 그것을 자랑스럽게 증명하고 또 확인받았을 것이다. 하지만 시대는 달라졌다. 나이 서른이 될 때까지 처녀라는 것은 본인의 의지가 아니라면 자랑스럽기보다는 수치스러운 일에 가깝다.

한 친구는 혼자 사는 언니의 집을 평소와 마찬가지로 문을 열고 들어갔는데 남자친구와 한창 정사 중인 언니의 모습을 보고 말았다고 한다. 그녀는 한동안 언니의 얼굴을 똑바로 보지 못했고, 언니 또한 그녀를 피해 다니다 술자리에서 이야기하게 되면서 비로소 서로가 서로를 한 사람의 여자로 인정했다고 한다.

내가 생각하기에 우리 집안 식구들은 모두 개방적이지만 나는 그들 중 그 누구와도 섹스에 관한 이야기는 전혀 해본 기억이 없다. 이건 비단 우리 집뿐 아니라 대한민국 평범한 가정이라면 어디나 다 같을 것이다. 섹스를 하는 건 묵인할 수 있지만 그건 어디까지나 눈에 띄지 않게, 혹은 입 밖으로 내지 않았을 때뿐이다. 현 교육 시스템은 충분히 성교육을 해주지 않고, 특히 우리 시대에 받은 교육이라고는 기껏해야 생리를 시작할 무렵의 여자아이들을 모아놓고 생리대 사용법과 남자와 동침하면 임신하게 된다는 정도뿐이었다. 함부로 남자와 자면 큰일 난다고 겁만 주는 그런 교육만 받아온 것이다.

요즘은 그나마 상황이 많이 나아져서 콘돔 사용법을 가르치기도 하는 모양이지만 그것은 성교육의 일부일 뿐이다. 그 이외의 성 지식은 모두 친구의 입을 통해 혹은 야한 비디오를 통해 습득한다. 하지만 그 방법은 실제 섹스에 적용할 수 있는 유익한 정보기보다는 극단적인 허풍 혹은 상업성으로 왜곡된 것들이 많다. 우리는 단 한 번도 성교육을 제대로 받은 적이 없다. 인간에게 큰 즐거움 중의 하나인 성에 대해 한 번도 배우지 못한 셈이다.

섹스에 대해 가족과 대화할 수 있으면 얼마나 좋을까? 현실적으로는 불가능한 이 일은 우리 세대가 부모가 되거나 혹은 그 아래 세대들이 부모가 되면 이뤄질지도 모르지만 현재 자녀를 둔 부모들은 감히 시도조차 할 마음이 없어 보인다. 성인 남녀가 만나면 섹스하게 될 확률이 무척 높고, 또 정말 중요한 일임에도 다른 모든 삶에 대한 방법은 부모에게 배우면서도 섹스만큼은 스스로 알아서 해야만 한다. 물론 부모와 자식 혹은 가족들과 섹스를 말한다는 것은 상당히 어색한 일이다. 하지만 섹스 문제를 가족과 말할 수 있다면 우리는 뒷다리 긁는 식의 성교육에 더 이상 의지하지 않아도 된다. 모든 가족은 애초에 섹스가 있었기에 그 구성원이 존재하는 것이다. 어떻게 보면 근본이라고 할 수도 있다. 그 문제에 대해 서로 대화하고 정보를 교환할 수 있다면 훨씬 더 풍부한 성지식을 갖고 건강한 섹스를 즐길 수 있을 것이다.

드라마에서 가끔 혼전 임신한 딸을 '죽일 년 살릴 년' 해가며 병원으로 끌고 가는 엄마들의 모습을 볼 수 있다(대개 아버지들은 '쯧' 하며 외면한다). 그녀들은 부모 앞에서 죄인이 되어 고개도 한 번 똑바로 못 들고 산다. 하지만 부모들은 행동의 결과에 대한 단죄만 했을 뿐 애초에 단 한 번도 그녀에게 섹스에 대해, 그리고 임신에 대해 지식을 전달해준 적은 없었을 것이다. 어쩌면 이런 풍경도 언젠가는 '신체발부는 수지부모'라 하여 머리를 깎지 않는, 지금은 사극에서나 볼 수 있는 풍습만큼이나 고리타분한 광경이 되어 사라질지도 모르겠지만 현재까지는 아직 좀 요원해 보인다.

시대는 변했고 이제는 결혼을 해야만 섹스하는 세대를 찾아보기 힘들다. 그런데 유독 이 사실을 가족끼리는 인정하지 않는 것은 무언가 잘못된 게 아닐까? 성에 대한 궁금증은 무척 어릴 때부터 시작된다. 아이들은 흔히 자신이 어떻게 생겼는지를 궁금해한다. 아이들이 적당한 나이가 되면 다리 밑에서 주워왔다거나 배꼽에서 생겼다는 이야기 대신 좀 더 구체적으로 알려줄 필요가 있다. 그렇게 시작하면 섹스에 대해 서로 말하기가 훨씬 더 편해질 것이다. 서구의 엄마들처럼 여자애의 등교 가방에 피임약을 넣어주는 정도까지는 아니더라도 적어도 섹스에 대해 말할 수 있는 가족 분위기가 조성되는 날이 하루빨리 와야 한다.

여자들을 위한
섹스 Tip
: 섹스가 권태로워질 때

세상 모든 일이 그렇듯 제아무리 좋은 것이라도 반복되면 심드렁해지는 법이다. 섹스도 마찬가지다. 처음에는 손만 잡아도 좋았지만 점점 벗은 몸을 보는 것도 아무렇지 않고 섹스를 해도 시큰둥하기만 하다면? 그렇다면 지루한 섹스에 뭔가 특단의 조치가 필요하다.

특단의 조치라고 해서 뭐 그리 거창한 건 아니니 겁먹지 말자. 그지 섹스에 약간의 변화를 주는 정도다. 섹스에도 어떤 습관이나 패턴 같은 것이 있는데 대부분의 남녀는 침대 위에서 매우 정상적인 섹스를 한다. 전희도 거의 비슷비슷하다. 매일 같은 파트너와 한다면 어제의 섹스도 오늘과 마찬가지고 내일의 섹스도 아마 오늘과 별다를 바가 없을 것이다. 이때 약간의 변화만으로도 오늘의 섹스가 기념할 만한 섹스가 된다면? 시도하지 않을 이유가 전혀 없다.

1. 장소의 변화

늘 똑같은 숙박업소(호텔, 모텔, 여관 등)에 마치 출근 도장을 찍듯 섹스하는 커플이라면 전혀 다른 장소, 아무도 없는 사무실 혹은 차 안을 이용해보길 바란다. 만약 이런 방법이 내키지 않으면 실내 인테리어가 매우 특이한 호텔을 찾아보길 바란다. 또 요즘은 인터넷으로 자기네 숙박업소의 색다름을 광고하는 곳도 많으므로 장소를 찾는 데 큰 어려움은 없을 것이다. 아무래도 침대와 화장대 그리고 있으나마나한 조악한 탁자만 덜렁 있는 숙박업소보다는 조금 비싸도 효과는 의외로 크니 지갑을 열어도 크게 아깝지는 않을 것이다. 이런 곳은 샤워실 정도가 아닌 아예 둘이 들어가서 헤엄을 치고도 남을 만큼 큰 욕조가 있는 경우도 있는데 여기서 함께 거품목욕이라도 한다면 분명 색다른 섹스로 이어질 것이다.

2. 옷을 입고 하는 섹스

'뭐? 섹스할 때 옷을 입는다고?' 하고 의아해할지 모르겠지만 일단 한번 해보길 바란다. 섹스할 때 그도 나도 옷을 완전히 벗은 상태에서 했다면 한 번쯤은 옷을 입고 섹스를 시도해보라. 사람들은 완전히 다 보여줄 때보다 보일 듯 말 듯한 상황에서 더욱더 흥분한다. 왜냐하면 거기에는 상상의 여지가 있기 때문이다. 늘 보던 서로의 몸에 식상해 있다면 이제는 반대로 서로의 몸을 가려보길 바란다. 보고 싶지만 보이지 않는 몸은 무척이나 색다른 느낌을 가져다준다.

만약 이 섹스가 충분히 즐거웠다면 특이한 복장을 할 수도 있을 것이다. 〈엽기적인 그녀〉의 전지현이 차태현과 함께 교복을 입고 나이트클럽에 신분증을 내밀며 당당히 들어가는 장면을 다들 인상 깊게 봤을 것이다. 이걸 섹스와 접목해보길 바란다. 제복은 의외로 아주 섹시한 이미지를 연출한다. 뭔가 경직되고 딱딱한 것 같지만 은근히 사람을 흥분하게 만든다. 만약 교복 안에 아무것도 입지 않는다면 섹시함은 배가 될 것임은 말하지 않아도 알 것이다.

3. 자세의 변화

아직도 여자는 아래에 눕고 남자는 그 위로 올라가서 참 착한 섹스만 하는 커플들이 많다. 만약 이런 커플들에게 섹스의 시큰둥함이 찾아온다면 당장 자세를 바꿔보라고 말하고 싶다. 자세에 대해 잘 모르겠거든 둘이서 이것저것 함께 해보길 바란다. 아마 그 나이까지 빨간 비디오를 한 번도 못 봤으면 모를까 아무리 숙맥이라 하더라도 둘의 머리를 합치면 이렇게나 많이 알고 있었나 싶을 정도로 다양한 자세들이 등장할 것이다.

4. 너무 성급하게 섹스하지 않기

헐레벌떡 옷을 벗고 곧바로 섹스하는 게 여태까지의 패턴이었다면 좀 더 긴 시간을 두고 섹스를 해보길 바란다. 한꺼번에 밥이고 국이고 반찬이고 다 나오는 한식이 아닌, 일식 코스 요리를 먹는다는 생각으로 천천히 해보길 바란다. 그리고 섹스는 전희 과정이 길수록 흥분을 최고조로 올릴 수 있기 때문에 급하게 하는 섹스보다 훨씬 더 좋은 느낌을 가질 수 있다. 이미 흥분된 상태에서는 상대방의 작은 움직임에도 극도로 민감해진다. 하지만 아무 흥분도 없는 상황에서 하는 섹스는 어떤 행동을 해도 좀처럼 흥분하기가 힘들다. 섹스 전에 약을 올린다 싶을 정도로 조금씩 서로를 터치하는 것만으로도 훌륭한 섹스를 할 수 있다.

이 외에도 권태기의 섹스에 적용할 수 있는 방법은 무궁무진하다. 단 두 사람 다 섹스의 권태기가 찾아왔음을 인정하고 함께 방법을 찾아나갈 때에만 이 난관을 헤쳐갈 수 있다. 어느 날 갑자기 나 혼자 준비해서 '우리 이렇게 해보자'라고 강요하는 것은 자칫 상대방에게 오해를 불러일으킬 수 있다. 자고로 대화로 안 되는 일이 없다. 어떤 문제든 진지하게 먼저 의논하는 자세는 인간관계에서 발생하는 모든 문제를 해결하는 가장 좋은 지름길이다.

Q&A

Q 남자친구가 자꾸만 변태적인 성행위를 요구합니다. 극
장에서 영화를 보다가도 스커트 안으로 손이 들어오
고, 사람들이 많은 엘리베이터에서도 제 엉덩이를 더
듬습니다. 그러면 저는 정말 그 모욕감을 참을 수가 없습니다. 성행
위를 할 때도 제 성기를 조명 같은 걸로 자세히 비춰보고 싶다고 하
거나 애널섹스를 하자고 조릅니다. 남자친구가 싫은 건 아닌데 이럴
때면 정말 그가 혐오스럽습니다. 저는 정상적인 섹스가 좋습니다.
저런 변태적인 섹스는 정말이지 포르노 배우나 가능할까 평범한 사
람이라면 상상도 하기 싫을 것입니다. 남자친구의 계속되는 변태적
요구를 어떻게 해야 할까요?

_부산에서 M양

A 모든 성행위는 상대방의 동의하에 즐겁게 이루어져야 비로소 행복한 섹스가 됩니다. 어느 한쪽이라도 M양처럼 생각한다면 상대방은 말 그대로 변태가 되어버립니다. 남자친구 분의 행동이 다 변태적인 것은 아닙니다만(저런 걸 즐기는 사람들도 분명 있습니다) 중요한 것은 M양이 받아들이지 못한다는 것입니다. 사람마다 취향이 다 다를진대 하물며 섹스라고 안 그렇겠습니까?

M양의 취향은 말씀하신 대로 평범한 섹스입니다. 그렇기 때문에 남자친구의 요구가 큰 고민거리일 것입니다. 거부하자니 남자친구의 기분이 상하지 않을까 걱정되고 들어주자니 이루 말할 수 없는 수치심이 들고. 그렇다면 그에게 솔직하게 말하기 바랍니다. 언제까지나 남자의 기분 때문에 M양의 기분을 무시할 수는 없습니다.

남자들은 가끔 여자들이 싫다고 하는 걸 내숭떠느라 그런다고 생각하는 경우가 있습니다. 이때 M양이 분명하게 의사표시를 하지 않으면 남자는 좋아도 싫은 척하는 거라고 받아들일 수 있습니다. 확실하게 자기 의사를 전달하세요. 만약 그랬음에도 남자 분이 감당할 수 없는 요구를 계속해온다면 둘 사이를 심각하게 생각해보는 게 좋을 것 같습니다. 연애는 행복해야 합니다. 섹스도 마찬가지입니다. 어느 한쪽이 그로 인해 고통을 받는다면 그건 결코 행복한 연애도 행복한 섹스도 아닌 그저 괴로운 일일 뿐입니다.

연애,
참을 수 없는
바람의 가벼움

내 남자의
여자를 만나다

살다보면 그의 그녀를 만날 일들이 가끔 있다. 그건 과거형의 그녀이기도 하고 현재형이기도 하지만 우리가 몰랐던 그녀이기도 하다. 어느 날 남자친구가 예전과 다르다는 느낌을 받으면 여자들은 우선 자신이 아닌 다른 여자의 존재를 떠올린다. 양다리 혹은 바람이란 이름으로 존재하는 그녀들을 말이다.

그녀들, 그러니까 남자친구와 바람난 그녀들은 여자친구의 존재를 알고 있다. 더 정확하게는 대부분의 세컨드는 퍼스트의 존재를 안다. 그런데도 내 남자를 만나는 여자, 모르면 모를까 일단 알게 된 이후에는 결코 그 존재를 무시할 수 없다. 그래서 여자들은 전화를 건다.

"누구누구 아시죠? 저 그 사람 여자친군데요."

이렇게 시작한 전화에서 언제나 당하는 건 내 남자와 바람난 그녀들이 아닌 여자친구다. 그녀는 이미 알고 시작했기 때문에 이런 상황쯤은 얼마든지 예상했을 것이다. 하지만 정작 여자친구 쪽에서는 이제 막 알게 되어 떨리는 손으로 전화를 걸었을 뿐, 무슨 말부터 해야 하는지도 모른다.

예전의 세컨드는 퍼스트에게 무조건 죄인이었다. 머리채를 잡아 뽑히든 커피숍에서 물잔 세례를 받든 그녀들은 그저 묵묵하게 받아넘기거나 잘못했다고 머리를 숙였다. 하지만 요즘의 세컨드는 전혀 그렇지 않다. 그녀들은 자기들이 세컨드라고 생각하지 않는다. 다만 퍼스트 자리를 차지할 마음이 없을 뿐, 원하기만 하면 언제든지 그 자리는 자신의 자리라고 생각한다. 만약 만나는 남자가 그다지 별 볼일 없는 남자일 경우, 세컨드는 인심 쓰듯 퍼스트에게 '그 남자 너 가져'라고 말한다. 마치 자기는 아무 생각 없이 잠깐 만나서 즐겼을 뿐이고, 네가 그렇게 화가 났다면 다시 돌려주겠다는 듯이 말이다.

혹시 ㄱ의 그녀를 만날 일이 있거든 절대 쪽수로 어떻게 해보겠다는 듯 친구들을 우르르 끌고 나가지 마라. 집단으로 훈계할 일도 아니고 먼저 기선제압하는 쪽이 이기는 패싸움도 아니다. 이건 어디까지나 혼자서 조용히 해결할 문제이다. 가장 좋은 방법은 아예 만나지 않는 것이 좋다. 가봐야 상처를 받는 건 여자친구 쪽이다. '네가 그렇게 한심한 여자니까 네 남자가 바람을 피우는 거야' 같은 인상만 준다면 얼마나 끔찍한가.

이미 결혼한 사이거나 둘 사이에 자식이 있다면 문제는 달라지겠지만 이건 어디까지나 연애이고 사랑이다. 아무리 세상이 변했다고 해도 사랑이 두 개일 수는 없다. 분명 어느 한쪽은 가짜이다. 그런 사랑에 내가 진짜라고 한들 뭐가 달라지겠는가. 물론 얼마나 대단한 여자이기에 내 남자가 끌렸나 하는 궁금증이 드는 것은 백번 이해한다. 그러나 이것은 열지 않는 게 백번 나은 판도라의 상자일 뿐이다. 그녀가 나와 비슷하다면 내 존재감이 희미해질 것이고, 나와 다르다면 그가 나를 견뎌냈을 뿐이라는 생각만 들 것이다.

상담하다 보면 남자친구의 변심이나 몰랐던 여자친구의 존재로 고민하는 여자들을 자주 본다. 그녀들이 하는 말은 한결같다. 처음에는 그가 매달려서 사귄 거라고. 그러다 보면 결국 그가 아닌 그와 바람난 그녀만 죽일 년이 된다. 그렇지만 손뼉이 어디 한 손으로 쳐지는가. 오히려 손뼉을 치면 안 되는 상황임에도 나를 배신하고 손을 내민 남자가 잘못이 크다면 더 크다. 그럼에도 여자들은 결코 그를 미워하지 않는다. 그는 어쩌다 그녀의 유혹에 넘어갔을 뿐 사랑이 식었다고 생각하지 않는다.

그뿐만이 아니다. 그녀는 퍼스트라는 이유로 이미 남자에게 식은 상대가 되었는데도 절대 인정하지 않는다. 이때 세컨드를 찾아가서 따귀라도 한 대 때리겠다는 생각은 정말 멍청한 짓이다. 탓을 하려면 남자친구를 탓해야 한다. 그녀 역시 나처럼 그를 만났을 뿐이고, 나의 존재를 무시했을 뿐이다. 모르는 사람을 무시하는 게 어디 드문 일인가. 차라리 깔끔하게 정리하지 않고 이쪽에 하나, 저쪽에 하나 다리를 걸쳐놓은 그놈이 나쁜 놈인데 말이다.

바람을 피우거나 애인을 여럿 사귀는 것은 분명 누군가에게 상처를 주는 일이다. 만약 정 그러고 싶다면 양쪽 모두에게 양해를 구해야 한다. 그렇다면 그 사이는 아무 문제 될 것이 없다. 어느 한쪽이든 이미 알고 있으므로 그게 싫으면 헤어지자고 말하면 된다. 요새는 마치 바람을 그저 생활의 가벼운 활력소쯤으로 미화하지만 절대 그렇지 않다. 헤어지는 데 너무나 복잡한 절차를 거쳐야 하는 부부 사이도 아니면서 어째서 한쪽을 정리하지 못하는가.

다들 알다시피 한 번 바람을 피운 사람은 반복할 가능성이 매우 높다. 남자들은 사귀던 여자에게 불만이 있어서 다른 여자를 만나는 게 아니다. 그에게는 어느 쪽도 진심은 없다. 그저 만나서 즐기고 싶을 뿐이다. 그렇다면 내가 굳이 그 즐기는 상대가 될 필요가 있을까? 자신이 누군가의 놀잇감이 되어도 좋을 정도로 하찮은가?

이제 퍼스트란 이름으로 세컨드를 찾아가서 울고불고 흥분하는 일은 관두자. 남자친구가 바람을 피운다는 걸 알게 되었다면 당사자끼리 해결하는 게 가장 좋다. 내 남자의 여자인 그녀는 이 문제에서 제삼자일 뿐이다. 그 남자에 대한 변명도 만들어주지 말고 그냥 그와 이야기를 한 후 헤어져야 한다. 누구도 자신의 사랑이 여럿 중 하나이거나 혹은 시간상으로만 첫 번째이길 원하지는 않을 것이다. 울 필요도 없다. 차라리 그럴 시간에 정말로 내가 사랑할 수 있는, 그리고 나를 사랑해주는 남자를 만나는 게 백번 낫다.

달콤한 유혹의
대가는 쓰다

아담과 이브가 금단의 열매인 무화과를 따먹은 것은 호기심 때문이었다. 뱀의 유혹도 있었지만 이브는 금지된 것에 거부할 수 없는 달콤한 유혹을 느꼈고 이를 자신의 애인이자 동료인 아담과 함께했다.

가보지 않은 길, 더구나 가지 말라고 하면 묘하게 끌리는 그 기분을 아마 다들 한 번쯤은 느껴봤을 것이다. 시키는 대로 얌전하게 호기심을 누르고 가던 길로 갈 것이냐, 아니면 눈을 질끈 감고 옆길로 갈 것이냐. 아담과 이브가 금단의 열매를 따먹어 젖과 꿀이 흐르는 에덴동산에서 쫓겨났듯, 우리도 금단의 열매를 취하면 그만큼의 대가를 치러야 한다. 다만, 그 대가가 어떤 형태인지는 아무도 알 수 없다.

〈데미지〉란 영화가 있다. 결혼해야 할 사람의 아버지, 즉 시아버지와 사랑에 빠지는(정확하게는 섹스에 탐닉하는) 이 영화에서 만약 이들이 시아버지와 며느리 사이가 아니라, 남자 대 여자로 만났다면 똑같이 서로에게 반해 격정적으로 몸을 섞는 사이가 되었을까? 모르긴 해도 시아버지 될 사람이 아무리 나이보다 젊고 멋지더라도 힘들었을 것이다. 바람이라는 건 그 사람 때문이 아니라 상황이 사람을 사랑하게 만들기 때문이다. 그리고 그건 섹스도 마찬가지다.

내가 아는 남자 중에 호색한이 있었다. 잘생기고 돈 많은 집 아들인 그는 한 달에도 여자를 몇 번씩 갈아치울 정도로 여성 편력이 심했다. 그의 섹스 레퍼토리를 듣고 있노라면 한국에서도 이렇게 노는 애들이 있구나 하는 생각이 들 정도로 그는 완전 딴 세상에 사는 사람이었다. 그런데 그가 요즘 한 여자에게 목을 매고 있다. 그녀는 교회에서 만난 여자로, 여태 그가 만나왔던 여자들과는 완전히 달랐다. 게다가 목사님의 딸인 그녀는 행동거지도 몸가짐도 모두 조신해서 그는 그녀를 안는 데까지 많은 시간이 걸렸다.

그가 그렇게 푹 빠진 이유는 여러 가지가 있겠지만 내 생각엔 그녀가 섹스하는 걸 별로 좋아하지 않았기 때문인 것 같다.

그는 호색한답게 섹스 테크닉도 뛰어나서 한 번 그와 잠자리를 함께한 여자들은 그를 거부하지 못한다고 떠들고 다닐 정도였으니까. 하지만 그녀는 그에게 길들여지지 않았고 급기야는 아무리 많은 여자를 만나도 결혼이라는 단어를 꺼낸 적이 없던 그의 입에서 "그녀와 결혼하고 싶다"는 이야기까지 나왔다. 그녀를 아무리 살펴봐도 그동안 그가 만났던 여자들보다 어떤 면으로든 한참 아래였는데 말이다. 그럼에도 그가 그녀에게 빠진 이유는 그에겐 그녀가 금기처럼 느껴졌기 때문이다.

유부남을 만나는 처녀, 유부녀를 만나는 총각들도 마찬가지가 아닐까. 그들은 상대방이 이미 결혼을 해버렸다뿐이지 분명 의심할 바 없는 운명의 상대이자 영혼의 반쪽이라고 생각한다. 하지만 구속된 상황이 아니라 정상적으로 만나 떳떳하게 연애할 수 있는 상황이라도 그렇게 애틋했을까. 안 된다고 할수록, 금지되어 있을수록 사람들은 더욱 끌리게 마련이다. 가수 비가 착한 남자가 아닌 〈나쁜 남자〉를 불렀을 때 생각했다. 나쁜 남자, 이 얼마나 매력적인 콘셉트인가 하고 말이다. 더없이 착한 남자가 "너를 죽도록 사랑해"라고 말하는 것보다 나쁜 남자가 "나를 사랑하지 마"라고 말할 때 여자들은 더 큰 매력을 느낀다.

가끔 드라마에서 신분의 차이랄지 여러 가지 문제로 주변 사람들이 반대하는 사랑을 하는 경우를 볼 수 있다. 누가 봐도 어울리지 않기에 그들을 아는 사람들은 모두 이 사랑은 안 된다고 말하지만 그러면 그럴수록 그들은 마치 가뭄에 내리는 단비처럼 서로를 더 애타게 찾는다.

나는 그런 상황이 실제로 벌어진다면, 그리고 반대를 해야하는 주변인이라면 절대 반대하지 않을 것이다. 그들의 사랑이 진정한 사랑일지도 몰라서가 아니다. 그들은 이미 서로에게 어떤 의미와 가치를 지니는지를 판단하기도 전에 반대라는 큰 벽에 맞서 싸워야 할 하나의 '동맹'이 되었기 때문이다. 그런 큰 싸움 앞에서 그들은 더 단단히 결속할 수밖에 없고, 벽이 높으면 높을수록 애타는 마음만 커질 뿐이다. 사실 공동의 적이라는 건 참 무서운 것이다. 오늘은 물고 뜯고 하는 사이라도 그들에게 만약 공동으로 물리쳐야 할 적이 생긴다면 사람들은 언제 그랬냐는 듯 서로 동맹을 맺는다. 공동의 적 하나가 어제의 적을 오늘의 동지로 만드는 것도 이렇게나 쉬운데 사랑하는 사이라면 어떻겠는가. 가로막힌 장벽이야말로 그들의 위대한 사랑을 증명할 수 있는 가장 좋은 기회가 된다. 문제는 그러는 동안 정말 알아야 할 서로에 대한 진실을 모르고 지나간다는 것이다.

지금 혹시 주변에 하지 말아야 할 사랑을 하는 이가 있다면 결사반대 같은 입장은 절대 표명하지 마라. 그런 장애는 오히려 그들의 사랑이 더 단단해지는 기회를 만들어줄 뿐이다. 시간이 지나고 그들도 충분하게 서로를 똑바로 바라볼 수 있다면 아마 주위에서 왜 그렇게 반대하는지, 또 그 사랑은 왜 해서는 안 되는지를 알려주지 않아도 그들 스스로가 잘 알게 된다. 섣불리 반대라는 장애물을 세워줌으로써 그들이 금단의 열매를 따는 달콤함을 느끼게 해서는 안 된다.

사람들은 어떤 상황에서는 8차선 왕복 고속도로처럼 쭉 뻗은 길보다 가시밭길을 더 매력적으로 받아들인다. 사랑하는 데 있어 그 어떤 장애도 없이 모든 게 탄탄대로이기만 하다면 사람들은 어느새 이 사랑이 진짜 나의 운명적인 사랑일까 의심한다. 운명이란 어쩐지 조금은 금기시되어 있고 조금은 어렵고 험한 길이어야 더 잘 어울린다는 생각을 하기 때문이다. 그래서 사람들은 매일 만나서 똑같이 반복되는 사랑에 지루해하고 때로는 어딘가에 운명적 사랑이 있지 않을까 한눈을 팔기도 한다.

하지만 운명적인 사랑이라고 해서 꼭 금기된 사랑, 주변의 모든 사람이 결사반대하는 상황에서도 꿋꿋하게 뿌리를 내리고 싹을 틔우는 사랑일 필요는 없다. 이왕에 하는 사랑, 모두에게 인정받고 축복받는 사랑을 해야 한다. 금단의 열매는 따는 순간에는 달콤할지 모르겠지만 막상 한 입 베어 물고 나면 그동안의 고생에 비해 그 대가는 정말 아무것도 아니다. 유부남이나 유부녀를 만나는 사람들은 그들의 상대가 이혼하고 자신에게 온다면 정말 지금처럼 사랑할 수 있을까? 아마 대부분은 잠깐 동안이야 자신들의 장애물이 없어진 것에 축배를 들며 꿈같은 시간을 보낼지도 모르겠다. 그런데 그 시간은 그야말로 꿈결처럼 짧다.

진실한 사랑이 꼭 크나큰 장애를 두는 건 아니다. 모두가 박수를 치는 사랑도 진정할 수 있으며 진실할 수 있음을 잊지 말자.

나를 사랑해서
하는 걸까?

영화 〈광식이 동생 광태〉에 이런 대사가 나온다.

"여자랑 만나고 12번의 섹스 이전에는 헤어져라."

그러자 옆에 있는 남자가 그걸 언제 다 세고 있느냐고 묻는다. 그러자 광태는 이렇게 답한다. 별 다방은 커피를 마시면 적립카드에 10개의 도장을 찍어야 1잔을 무료로 마실 수 있지만 콩 다방은 12개 도장을 찍어야 1잔이 무료라고. 따라서 여자와 한 번 잘 때마다 콩 다방에서 커피를 한 잔씩 마시고 스탬프를 받은 다음 무료 커피를 마시기 전에 헤어지라고.

또 극중 광식이 동생 광태의 애인 김아중은 이불 속에서 열심히 자신을 애무하는 광태에게 다소 심드렁한 표정으로 말한다.

"넌 내 몸의 딱 세 군데만 만지는 거 알아?"

영화 속에서 그 세 군데가 어딘지 나오지는 않았지만 그게 어느 부분인지는 누구나 짐작할 것이다.

남녀 사이에서 섹스를 빼고 이야기를 한다면 과연 얼마나 많은 이야깃거리들이 있을까? 어떻게 보면 그들이 서로에게 호감을 갖고 말을 걸고 데이트하는 것은 결국 서로의 몸을 안고 싶기 때문인지도 모른다. 하지만 남녀 사이는 섹스만으로 이루어지지는 않는다.

사람들은 참 이기적이게도 자신은 섹스파트너를 둬도 누군가에게 나는 섹스파트너로서의 의미만 갖기는 원하지 않는다. 그와의 섹스가 환장할 정도로 좋아 그가 오직 내 몸에서 세 군데만 집중한다면 당신은 아무렇지 않게 받아들일 수 있을까? 만나면 섹스만 원하는 남자에게 여자들은 "넌 나만 보면 그 생각만 하냐"고 말한다. 내가 어떤 사람인지 또 무엇을 좋아하는지 혹은 무슨 생각을 하며 사는지 아무런 관심도 없이 그저 침대에서 함께 헐떡이기만을 바라는 남자, 그런 남잔 여자의 몸에 무관심한 남자만큼이나 싫다.

남자가 여자의 몸에 관심이 있다면 그건 딱 두 가지 경우다. 한 가지는 내가 아닌 오직 내 몸과 그 몸으로 하는 섹스에만 관심이 있는 경우, 정반대로 나를 정말 사랑해서 하는 섹스의 경우. 하지만 이 해석에 남자들은 한결같이 말한다. 설사 싫은 여자랑 하더라도 얼굴에 신문지만 덮으면 섹스할 수 있는 게 남자라는 동물이라고. 우리와 섹스를 했던 그 남자는 나를 사랑해서 섹스한 걸까? 아니면 단지 섹스가 좋아서 한 것일까?

처음에는 손을 잡는 데까지 걸리는 시간이 무척 길다. 잡는 쪽도 망설이고 잡히는 쪽도 조심스럽다. 하지만 시간이 흐르면 손을 잡는 것쯤은 아무렇지 않게 되어버린다. 그러다 마침내 손을 잡는 일은 뜸한 일이 돼버린다.

앞서가는 연인이 손을 잡거나 팔짱을 끼고 다정하게 걷고 있다면 그건 십중팔구 연애한 지 얼마 되지 않은 연인이다. 오죽하면 중년의 남녀가 손을 잡고 걸어가면 부부가 아니라 불륜이라고 생각하겠는가. 오래된 연인들은 손을 잡는 대신 다른 많은 것을 나눈다. 하지만 섹스를 함께한다고 해서 손잡는 것이 시시해져버리는 것이 당연한 것은 아니다. 우리의 몸은 이미 식었을지 몰라도 마음은 쉽게 식지 않는다. 아직까지 그가 내 손을 처음 잡았을 때의 떨림을 기억하기 때문이다. 우리는 침대에서만 내 몸을 원하는 그들에게 무척이나 서운해한다. 침대에서의 그 역시 예전처럼 조심스럽지 않다. 물론 더 좋은 섹스를 위해서겠지만 이것저것 조심성 없이 요구를 하기도 하고 섹스 후에 대화를 하고 싶은 우리에게 피곤하니까 내일 이야기하자고 한다. 편안함과 익숙함이라는 단어로 포장할 수도 있겠지만 이건 분명 사랑의 온도가 조금은 내려갔음을 의미한다.

내 주변에서 남자친구가 있음에도 다른 사람을 만나고 싶어 하는 여자의 대부분은 좀 더 화려하고 끝내주는 섹스를 위해서인 경우가 거의 없다. 그녀들은 어쩌면 지금의 사랑이 식어가고 있음을 안타까워하고 있는지도 모른다. 다시 그와 예전처럼 설레기에는 이미 너무 많은 시간이 지나갔고 또 너무 많은 걸 함께했다. 그래서 그녀들은 새롭게 자신을 바라봐줄 누군가가 필요한 것이다. 광식이 동생 광태처럼 여자친구 몸의 딱 세 군데에만 관심 있는 게 아닌, 오늘은 내가 어떤 머리 모양을 했는지, 내 귓불 왼쪽에 점이 있는지 오른쪽에 점이 있는지까지 관심 있게 바라봐줄 사람과 사랑하고 싶은 것이다.

그렇다고 해서 애인과 늘 손만 잡으며 설레고 싶은 사람은 없을 것이다. 사랑을 하면 당연히 그와 키스도 하고 싶고, 키스하다 보면 서로의 몸을 원하게 된다. 하지만 그 과정이 조금은 섬세하고 부드러웠으면 하고 바라는 것이다. 만나자마자 너와 할 일은 섹스뿐이며, 섹스할 때만 좋다고 생각하는 남자를 만나고 싶지는 않다. 광태의 애인인 김아중이 그를 떠난 것은 바로 그런 이유인 것이다.

만약 여자들에게 가장 이상적인 남자를 말해보라고 하면 애인과 섹스파트너의 중간쯤이 아닐까? 일상에서는 다정스러운 애인이고 침대에서는 더할 나위 없이 좋은 섹스파트너. 하지만 이런 행운은 좀처럼 쉽게 찾아오지 않는다. 그래서 우리는 많은 남자를 만나고 실망하면서도 또 다른 사랑을 찾는 건지도 모른다. 세상 어딘가에 있을, 내 몸과 마음을 진심으로 사랑해 줄 누군가를 꿈꾸면서 말이다.

바람아
멈추어다오

바람을 피우는 사람들은 죽을 때까지 한 사람만 사랑한다는 것이 정말 가능하냐고 말한다. 물론 그 말도 일리가 있다. 평생 사랑이 단 한 번만 찾아오겠는가. 사랑이 하나 끝나고 나서 다른 사랑이 찾아오면 그건 고마운 일이지만 현재 사랑을 하고 있는데 또 다른 사랑이 찾아온다면? 그건 정말로 난감한 일이다.

이때는 세 가지 선택을 할 수 있다. 첫째, 새로운 사랑이 찾아와도 현재 사랑을 지키는 것. 둘째, 이전의 사랑을 정리하고 새로운 사랑을 받아들이는 것. 셋째, 이게 아마 최악의 방법일 텐데 첫 번째의 사랑을 그대로 둔 채 오는 사랑도 마다하지 않는 것이다.

흔히 '바람' 하면 사람들은 육체적인 바람만을 생각한다. 상대방이 바람을 피운다는 의심이 들면 가장 첫 번째로 나 아닌 다른 사람과 침대에 누워 있는 모습을 상상한다. 차라리 이 육체적 바람만 피운다면 훨씬 나을 수도 있다. 알다시피 성性은 공식적이든 비공식적이든 도처에 상품화되어 널려 있고 마음만 먹으면 얼마든지 애인이 아닌 상대와의 섹스가 가능하다. 이런 경우의 바람은 단발성으로 끝날 확률도 높고 정신만 차리면 언제든지 제자리로 돌아올 수 있다. 하지만 마음마저 간 바람일 경우는 돌아오더라도 문제가 많다.

영화 〈어깨너머의 연인〉을 보면 유부녀인 이태란이 바람난 남편과 이혼하는 장면이 나온다. 훨씬 이전에 그녀는 남편이 어린 여자와 호텔을 들락거리는 장면을 목격했다. 그녀는 내 남자가 어린 여자와 잠자리를 했기 때문에 이혼하려는 건 아니다. 그녀는 자신이 부재중일 때 어린 연인을 집으로 데리고 와서 손수 밥을 차려주는 남편을 보고서야 이혼을 결심했다. 밥을 차려준다는 것은 섹스하는 사이보다 한 차원 더 높은, 그야말로 상대방을 진심으로 사랑하고 있음을 보여주는 것이라고 그녀는 생각했기 때문이다.

고기도 먹어본 놈이 먹는다고, 바람 역시 한 번 피우기 시작하면 끊임없이 한눈을 팔게 된다. 열 여자 마다하는 남자 없고,

권력을 손에 잡으면 제일 먼저 많은 여자를 거느리려는 이들 또한 남자이다. 왕만 해도 그렇지 않은가. 그들에게는 왕손의 대를 잇는다는 핑계를 대기에는 너무도 많은 후궁이 있었다.

우리는 바람을 피우기 전에 딱 한 가지를 생각해야 한다. 그건 현재 사랑하는 사람이 이 일을 알게 될 경우 받게 될 마음의 상처이다. 아마도 바람난 애인 때문에 마음고생을 해본 사람이라면 이 말이 무슨 말인지 잘 알 것이다. 세상에 배신만큼 사람을 아프게 하는 건 없다. 믿었던 사람에게 찍히는 발등이 얼마나 아프고 고통스러운지 모른다. 간혹 자기를 배신한 사람이 작정하고 자신을 이용했다는 사실보다 그들의 바람 상대가 믿었던 친구나 애인이라는 점에 더 오래 마음 아파한다.

연애가 좋은 건 새로운 사랑이 찾아왔을 때 얼마든지 선택의 기회가 있어서이다. 지금의 사랑보다 훨씬 더 좋은 사랑이 찾아왔다면 미련 없이 떠나도 좋다. 그러나 상대방이 마음 아파할까봐 차마 고백하지 못하고 양다리를 걸친다면 그건 정말로 이기적인 행동이 아닐 수 없다. 모르기만 하면 모든 게 다 괜찮은가?

결혼이라는 이름으로 결속된 남녀의 경우 새로운 사랑을 선택하려면 너무나 많은 희생이 필요하다. 하지만 연애의 경우는 다르다. 물론 상대방은 엄청난 마음의 상처를 받겠지만 그렇다고 해서 두 사람을 사랑하는 당신을 원하지는 않을 것이다. 상대방을 위한답시고 이 사람도 사랑하고 저 사람도 사랑한다면 그 사람은 둘 중 어느 하나도 진지하게 사랑하고 있지 않는 것이다.

그렇다면 사람들은 왜 사랑하는 사람이 있음에도 바람을 피우는 걸까? 그건 옆에 있는 연인을 잡은 물고기라 생각하고 안심하기 때문이다. 사랑에도 애정과 노력이 필요하다. 내 남자, 내 여자를 만들기까지는 다들 엄청나게 정성을 쏟다가도 내 사람이다 싶으면 그때부터 사람들은 안주한다. 어디 그뿐인가. 끊임없이 내 의견만 말하고 내 말만 잘 듣고 나에게만 잘해주기를 바란다. 정작 상대방에게 내가 그런 사람이 되어야 한다고는 털끝만큼도 생각하지 않는다. 이런 상황이라면 과연 바람난 상대에게 어떻게 그럴 수 있냐고 따질 수 있을까? 물론 도덕적 책망은 가능하다. 어찌 되었건 사랑하는 사람을 놔두고 바람을 피웠으니까.

하지만 한번 잘 생각해보길 바란다. 입장을 바꿔 생각했을 때 나라도 바람을 피우겠다 싶지는 않을까? 늘 보채기만 하고 상대의 기분보다는 내 기분이 먼저고 어떤 상황에서든 내가 우선되어야 하는 사랑. 그걸 사랑이라 부른다면 사람들은 상대방에게 충실한 종이 되기 위해 사랑하는 것과 다르지 않다.

시간이 흐르면 사랑하는 사람에게서 당연히 단점이 보일 것이다. 하지만 사랑은 이 단점을 견디느냐 못 견디느냐가 아니다. 견디고 있다면 이미 그건 사랑이 아니다. 도저히 어쩔 수 없는 단점이라면 내가 조금씩 노력해서 그가 고쳐나가도록 해야할 것이고, 만약 조금만 양보하면 되는 단점이라면 그 단점 그대로 받아들이고 이해해야 한다. 이 단점 때문에 그 단점을 전혀 갖고 있지 않은 사람과 바람을 피우는 방법은 지혜로운 방법이 아니다. 바람의 상대 또한 단점을 갖고 있다. 단점 없는 사람이 어디 있고, 완벽하게 내 마음에 드는 사람이 어디 있을까.

언젠가 한 여자가 이런 고백을 했다. 자신은 문어발식 연애를 하고 있는데 그게 얼마나 행복한지 모르겠다고. 이 남자에게선 이런 점만 취하고 저 남자에게서는 저런 점만 취해, 결국 완벽한 한 남자와 사랑을 하고 있다고 말했다. 언뜻 들어도 정신 사나운 이 이야기를 그녀는 눈빛마저 빛내며 주위에 권유하기까지 했다. 뭐하려고 한 남자만 만나고 온갖 단점과 안 좋은 면들을 견디면서 바보 같은 연애하냐고.

그런데 그녀에게 묻고 싶다. 만약 자신이 누군가에게 한 면만 취해지는 사람이라면 그걸 받아들일 수 있을까? 바람을 피우는 사람들 중 대부분은 본인은 해도 되지만, 상대방은 절대해서는 안 된다고 생각한다. 내가 하면 사랑이고 남이 하면 불륜이기 때문일까?

사랑하지만 각자 좋은 사람을 만나서 얼마든지 바람을 피워도 된다고 서로 합의를 보면 그렇게 해도 된다. 그러면 어느 누구도 상처받지 않을 테니까. 하지만 그렇지 않다면 바람을 피우는 건 비겁한 행동이다. 이쪽도 저쪽도 선택하지 못한 채 오직 나만 즐겁기 위해 두 사람 모두를 괴롭히는 일일 뿐이다.

바람을 피우고 싶은가? 지금 애인이 아닌 다른 누군가를 만나고 싶은가? 그럼 만나라. 단, 현재의 애인을 정리한 상황에서 만나야 한다. 그러면 더 이상 숨겨야 할 일도 들킬까 봐 조마조마한 일도 없다. 상대를 위한답시고 몰래 피우는 바람, 그건 배려의 탈을 쓴 내 욕심 채우기일 뿐이다.

P.S　　　남자들은 바람을 피우면 이를 친구나 동료들에게 떳떳하게 알린다. 마치 자신의 능력을 자랑이라도 하듯이 말이다. 지금이야 없어졌지만 한때는 간통죄라는 것이 존재했었다. 물론 그 법은 국가가 개인의 사생활 혹은 행복 추구에 있어 어디까지 개입이 가능한가 하는 문제로 폐지가 된 악법이었다. 하지만 그 법이 존재하든 존재하지 않든 내 행복을 위해 님이 흘리는 눈물쯤은 무시해도 좋다는 생각은 사라져야 한다. 나쁜 것은 나쁜 것이다. 그게 어떻게 자랑거리가 될 수 있는가? 제발 친구라는 이유로 공범이 되어 녀석의 내연녀에게 제수씨라고 부르지 말자(그러면서 진짜 그의 여자 친구에게도 똑같이 제수씨라고 부른다). 약간의 부끄럼이나 망설임도 없이 그들은 오히려 자랑스러워하면서 말한다. "너 아직도 니 마누라 하고만 섹스하니?" 그런 그들에게 말하고 싶다. 적어도 부끄러워는 하라고. 부끄러운 일을 하면서 떳떳한 척은 하지 말자고.

유부남을 만나는
우리의 자세

성격도 좋고 얼굴도 예쁜 K라는 여자가 있었다. 같은 여자가 봐도 너무 매력적인 그녀가 대체 어떤 남자와 연애할지 무척이나 궁금했다. 그녀는 늘 사랑에는 관심이 없다고 했고, 그래서 정말 그런 줄 알았다. 하지만 그게 아니었다. 그녀는 유부남을 만나고 있었다. 사랑에 관심이 없는 게 아니라 정상적인 남자를 만나 연애를 하지 못하므로 아예 사랑에 관심이 없다고 말한 것이다.

사실 우리 주변에는 이런 K들이 참 많다. 똑똑하고 잘나고 예쁘고 상냥하기까지 한 그녀들과 연애하는 남자는 누군지 몰라도 복 받은 인간이라고 생각했다. 하지만 그런 여자들 중에 안타깝게도 몇몇은 유부남을 사귄다. 미혼남을 사귀어도 골라 가며 사귈 수 있을 것 같은 그녀들이 왜 하필이면 이미 남의 남자가 된 유부남을 만나는 것일까?

유부남을 만나는 여성 중 일부는 평범한 사랑이 너무 쉬운 나머지 무언가 큰 난관이 있는 사랑이 진정한 사랑이라고 생각한다. 무언가 남다르고 특별한 것에서 매력을 느끼는 그녀들은 사랑도 특별하길 원한다. 이 특별함은 사랑의 방법 면에서는 충분히 누려도 좋다. 하지만 유부남을 만나는 것이 결코 자신을 특별한 사람으로 만들어주지는 못한다는 사실을 먼저 알아야 한다.

원할 때 언제든지 만나서 하는 데이트가 아닌 누군가의 눈을 피하고 알리바이를 만들어야 가능한 데이트가 정말 특별하다고 생각하는가? 유부남이라는 핸디캡이 있는데도 그 사람을 사랑하는 것이야말로 진정한 사랑이라는 생각이 과연 올바른 생각인가?

미안하지만 그녀들은 특별한 사랑을 하는 특별한 여성이 아니라 오히려 평범함보다 못한 사랑을 하는 바보 같은 여성이다. 큰 난관이 있는 사랑이라고 해서 그들의 사랑이 진정한 사랑이라고 인정받는 것은 아니다. 더구나 그 난관이 아내와 자식이 있는 상황이라면 더더욱 그렇다. 그건 숭고함도 희생도 아니다.

또 한 가지 그런 여자들이 착각하는 것이 있다. 유부남을 만나는 여성 대부분이 유부남의 말만 듣고 제멋대로 그들의 아내를 추측한다는 것이다. 결혼했는데도 다른 여성을 만나 바람을 피우는 남자는 당연히 자신의 아내를 나쁜 여자인 듯 이야기한다. 그러면 유부남을 만나는 여자는 그가 나쁜 여자를 만나 고생하고 있고, 이를 위로해주고 이해해줄 사람은 자신밖에는 없다고 생각한다. 하지만 부부 사이에 문제가 있다면 바람이 아닌 대화 혹은 법적으로 해결해야 한다. 유부남들은 만나는 동안 끊임없이 아내와 헤어지고 싶다는 말을 한다. 하지만 정말로 아내와 헤어지고 내연녀와 새 삶을 시작하는 남자는 많지 않다. 어리석게도 내연녀들만 바람이 아닌 진정한 사랑이라고 착각한다. 단지 시간상 좀 더 빨리 그를 만나지 못했을 뿐 그 외에는 아무 문제가 없다고 생각한다.

그렇다면 더 빨리 만나 그의 아내가 되었다면 어떨까? 그 남자는 다른 여자를 만나서 똑같이 바람을 피울 것이고, 당신이 그들이 노래 부르듯 말하는 나쁜 여자가 되어 있을 것이다. 바람을 피우고 싶기 때문에 구실이 필요한 것이지, 바람을 피울 만해서 피우는 것은 아니다.

만약 이 순간 유부남을 만나고 있다면 진지하게 생각해보기 바란다. 정말로 상대방이 아내와의 결혼생활을 정리하고 자신에게 오기를 바라는 건지, 아니면 단지 자극적이라서 이런 사랑이 끌리는 건지. 아무리 생각해도 진짜 사랑이라고 생각되면 상대방에게 자신은 더 이상 내연녀가 될 마음도, 바람의 상대도 되고 싶지 않다고 말해야 한다.

그런데 이때 남자가 아내에게 말하겠다는 것을 차일피일 미루거나 이혼이 그렇게 쉬운 문제는 아니라는 식으로 시간만 질질 끈다면 당장 그와 헤어져라. 당신은 나쁜 아내에게 고통받고 있는 그의 구세주가 아니라, 단지 아내에게 조금 싫증난 남자에게 활력을 주는 바람녀일 뿐이기 때문이다.

세상에는 룰이 있다. 사랑에도 넘지 말아야 할 선은 분명히 존재한다. 세상에 괜찮은 남자들이 다 유부남은 아니다. 아직 결혼하지 않은, 그리고 여자친구가 없는 남자들 중에도 괜찮은 사람은 분명히 존재한다. 나이 많은 여성들이 애인 구하기가 힘들다며 하는 하소연 중 하나는, 남자들 중에 그 나이가 되도록 결혼을 못했거나 애인이 없으면 분명 문제가 있는 남성이라고 말하는 것이다. 뒤집어서 생각해보면 정작 그 말을 하는 여성도 그 나이가 되도록 결혼을 하지 않았으며 애인도 없다. 그럼 그 여성은 자신 역시 문제가 있는 사람이라고 생각할까? 아니다. 그들은 자신은 정상이라고 말한다.

남자도 마찬가지다. 물론 괜찮은 남자일수록 결혼이나 애인이 있을 확률은 높다. 하지만 아닌 사람들도 많다. 연애는 바로 그런 사람을 찾아서 해야 한다. 괜히 임자 있는 남의 떡을 집적거리는 것은 정말 비겁하고도 못난 짓 아닌가? 스스로 당당한 싱글 여성이라고 말하고 싶거든, 최소한 남의 남자를 탐내는 짓은 하지 말아야 할 것이다.

바람을
피우고
싶을 때

사람이 사람을 오래 만나다 보면 한 번쯤 한눈을 팔게 된다. 하지만 지금 내 사랑에 대한 불만을 언제나 바람을 피우는 것으로 해결할 수는 없다. 만약 내 사랑에 별 불만이 없음에도 너무나 사귀어보고 싶은 매력적인 사람이 생길 경우, 현재의 사람과 헤어질 마음이 없다면 한 달쯤 만나지 말고 시간을 갖자고 솔직하게 말하자. 그리고 한 달 동안 상대방도, 자신도 다른 사람을 만나보고 생각도 많이 해본 뒤에 그래도 우리가 여전히 만나야겠다고 생각이 들면 다시 만나자고 말하자.

말하지 않고 그냥 새로운 남자를 마치 애인이 없는 여자처럼 사귀는 것은 최악의 선택이다. 그것은 나뿐만 아니라 두 남자 모두를 불행하게 하는 일이다. 아무리 시대가 변했더라도 바람을 피우는 것이 정당화될 수는 없다. 새로운 사랑을 택하든가 아니면 지금의 사랑을 지키든가 둘 중 하나의 답만 있다. 그 중간 어디쯤에 걸쳐진 답은 없다.

어떤 인간관계나 마찬가지겠지만 특히 사랑에서 이기심만큼 위험한 것이 없다. 나만 좋으면 그만이라는 생각이 들거든 당신은 현재의 사랑도 새로운 사랑도 할 자격이 없는 사람이다. 물론 어느 하나도 놓치고 싶지 않은 마음을 모르는 것은 아니다. 그렇지만 누군가가 당신을 두고 그런 생각을 한다면 당신은 그걸 받아들일 수 있는가? "너도 좋지만 나는 다른 여자도 좋아. 그래서 동시에 만날 생각인데 넌 어때?" 하고 묻는다면 "그래, 너 좋을 대로 해"라고 대답할 수 있을까?

그래도 정 바람을 피우지 않고는 못 견디겠다면 이 방법을 쓰길 바란다. 두 사람 모두에게 자신이 바람피우는 것을 통보하는 것이다. 현재의 사랑에게는 새로운 사랑이 생겼음을, 그리고 새로운 사랑에게는 지금까지 사랑이 있었음을 솔직하게 말하고 둘 다 만나는 것이다. "그들이 받아들일 리 없잖아요?"라고 묻는 당신에게 말하고 싶다. 어째서 당신 한 사람 즐겁자고 두 사람이 기꺼이 그걸 받아들여야 하느냐고. 물론 영화 〈글루미 선데이〉에서는 이 상황이 가능하지만 현실에서 가능할지는 미지수다.

이제까지 숱한 연애상담을 했지만 영화처럼 공개적으로 바람을 피운다는 이야기는 들어본 적이 없다. 어른들의 말은 다 고리타분한 것 같지만 살면서 잊지 말아야 할 충고가 많다. 바로 남의 눈에 눈물을 흘리게 하면 자기 눈에는 피눈물이 흐른다는 사실이다. 당신이 정 바람을 피우겠다면 한 가지 사실만 명심하길 바란다. 언젠가는 당신도 사랑하는 누군가가 바람을 피워서 고통 받는 날이 온다.

내가 피하고 싶은 건 남도 피하고 싶은 법이다. 연애는 나만 좋고 나만 행복하면 그만인 무언가가 아니다. 연애야말로 상대방을 가장 많이 배려하고 또 함께 즐거워야 할 일이다. 연애에서 오직 자신만 생각하며 행동한다면 그건 친구의 애인도 빼앗을 수 있고, 마음에만 든다면 내 남자친구의 아버님과도 섹스할 수 있다는 이야기다. 그렇게 생각 없이 막 살고 싶지 않다면 바람을 피우기 전에 단 몇 시간이라도 제발 진지하게 생각해보길 바란다. 과연 나의 행복이 모든 것에 우선하고, 또 모든 룰을 깨고라도 반드시 이뤄져야 하며, 그 행복이 정말로 마지막까지 진정한 행복이 될 것인지를 말이다. 세상에 나만 좋으면 다른 건 아무래도 상관없다는 생각은 심지어 다섯 살 난 아이들도 하지 않는다(그 나이에도 상대방의 기분을 생각해서 자신의 감정을 숨기거나 선의의 거짓말 같은 걸 할 수 있다고 한다).

Q&A

Q 저도 어떻게 해서 여기까지 왔는지 모르겠습니다. 정
말 친한 친구인데 그 친구의 남자를 사랑합니다. 아무
리 마음을 접어보려고 해도 되질 않습니다. 어떻게 이
런 일이 가능한지 저조차도 저를 이해하지 못하겠습니다. 시간이 흐
를수록 그에 대한 생각이 저를 꼼짝할 수 없게 만듭니다. 친구가 어
쩌다 그와 다투기라도 하는 날이면 겉으로는 위로하지만 속으로는
쾌재를 부릅니다. 그리고 그 둘이 헤어지기만을 바랍니다. 친구가
이런 저를 안다면 뭐라고 할지 두렵습니다. 친구에게 상처 주고 싶
지 않지만 그렇다고 해서 그를 정리할 수 있는 것도 아닙니다. 어쩌
면 좋을까요? 아무리 생각해봐도 답이 없습니다.

_나조차도 이해 못 하는 사랑 J양

A 그 남자 곁에 아무도 없고 대시를 받는 상황이라면 상당히 행운아지만 J양처럼 누군가가 있는 경우, 더구나 그 누군가가 친한 친구일 경우, 이러지도 저러지도 못해 힘든 상황일 것입니다. 하지만 좀 길게 생각해보면 답이 나옵니다. 두 사람 중에서 누가 J양의 곁에 끝까지 남을 사람인지를 말입니다. 남녀 사이는 예식장에 손을 잡고 들어가기 전까지는 아무도 모르지만 친구는 내가 어떤 모습으로 살든 계속 옆에 있습니다. 더구나 정말 친한 친구라고 하셨으니 더욱 오래 남을 친구일 겁니다.

만약 별로 친하지 않다 하더라도 소문은 피할 수 없습니다. 남의 남자를 빼앗은 여자라는 말만 친구들 사이에 파다하게 퍼질 것입니다. 그렇다면 그 친한 친구뿐만 아니라 다른 친구도 잃을 확률이 높습니다. 그 어떤 친구도 당신을 믿지 못할 것입니다. 아무리 진정한 사랑이라 어쩔 수 없다 해도 말입니다.

영화나 드라마 혹은 소설 속의 사랑은 좀 더 드라마틱한 구조를 취하기 위해 이런 사랑이 수없이 등장하지만 현실의 우리는 모든 걸다 버리고 사랑을 택하기란 쉽지 않습니다. 시간을 갖고 생각해보시기 바랍니다. 다른 인간관계가 엉망이 되더라도 그 남자와 사귀고 싶다면 그렇게 하세요. 하지만 그 남자와 문제가 생길 경우 J양의 편에서 함께 고민하고 울고 웃어줄 친구는 없을 것입니다.

연애,
사랑에 필요한
몇 가지 노력

여자는 왜 사소한 것에
목숨을 거는가!

누군가는 사소함을 쪼잔함이라 하고 누군가는 디테일이라고 한다. 쪼잔함이건 세심함이건 아무튼 사소한 것은 사소한 것이다. 이 사소한 것이 쌓이기 시작하면 그야말로 티끌 모아 태산이다. 사소한 것 하나에 신경을 쓰기 시작하면 또 다른 사소함이 자석처럼 달라붙고, 결국은 고개를 절레절레 젓게 만드는 일까지 생긴다. '이번에도 또 아닌가봐' 하면서 말이다.

사실 큰일은 아니다. 너무 사소해서 그걸 느낀 당사자조차도 긴가민가할 정도니까. 하지만 사소한 것이 모이면 '정 떨어짐'이 된다. 정이 떨어지는 건 사소함이 모이지 않고서는 불가능한 일이다. 〈사랑해, 파리〉라는 영화에 이런 에피소드가 있다.

남편이 아내에게 너무 정이 떨어져서 그만 헤어지자고 말하려고 하는데 정이 떨어진 이유가 별게 아니다. 고기 요리를 할 때면 늘 흥얼거리는 그 멜로디가 듣기 싫고, 버린다 버린다 하면서도 매번 입는 빨간 트렌치코트가 지겹고, 음식을 시킬 때 자기는 애피타이저도 디저트도 시키지 않으면서 다 빼앗아 먹어서 그렇단다. 듣기 싫은 멜로디 좀 흥얼거리면 어떻고 버린다던 빨간 트렌치코트 아까워서 좀 입으면 어떤가. 그렇지만 이미 하나가 싫어지기 시작하면 그 의미는 타인들이 부여하는 무게와는 다른, 어떤 절대적인 힘을 갖는다.

그럼 이번엔 남자들에겐 사소한, 그러나 여자들에겐 사소하지만 치명적인 예를 들어보자. 남자들은 자신의 성기가 가려우면 참지 않는다. 물론 공공장소에서는 다르지만 유독 여자친구, 그것도 섹스를 함께한 여자친구 앞에서는 참지 않는다. 손을 넣어서 벅벅 긁거나 아니면 옷 위에 손을 대고 비비적거린다. 어쨌든 그들은 가려움을, 그것도 여자친구의 눈앞에서 해결한다. 여자들도 성기가 가려울 때가 있다. 같은 사람인데 왜 가려울 일이 없겠는가. 하다못해 등짝만 해도 이틀에 한 번은 가렵다. 하지만 절대로 남자 앞에서 긁지 않는다. 대부분은 남자의 시야에서 벗어난 곳에서 해결을 보거나 그것도 여의치 않으면 적어도 주의를 다른 곳으로 끈 다음 슬쩍(?) 해치운다. 들키고 안 들키고의 문제가 아니다. 그건 일종의 배려이자 나를 어떻게 생각하느냐에 대한 문제이다.

남자들이 버젓이 팬티에 손을 넣어 성기를 긁어대는 모습이 지저분해 보인다는 소리가 아니다. 가려울 수 있다. 충분히 그럴 수 있다. 여자가 참을 수 없는 건 어째서 조금도, 약간도 가릴 생각을 하지 않느냐는 것이다. 어릴 때 코딱지 팔 때도 그렇게 당당했는지 모르겠지만 그 약간의 부끄러움조차 없는 남자를 보면 이제 서로 똥 싸는 모습을 지켜볼 일만 남았는가 싶다. 이럴 때 여자들은 대부분 모른 척한다. 애써 못 본 척하고, 봐도 심각하지 않은 척한다. "가려우면 나가서 팬티 내리고 화끈하게 제대로 벅벅 좀 긁던가"라고 말할 때는 이미 헤어지고 난 이후에나 가능하다.

그렇다고 '내 앞임에도 성기가 가렵답시고 손을 넣어 벅벅 긁었다'는 이유로 헤어지기도 우습다. 물론 머릿속에는 분명하게 각인된다. '그는 성기가 가려울 때 숨기지 않고 내 앞에서 아무 생각 없이 벅벅벅 긁었다'라고. 이 문장에서 가장 싫은 부분은 당연히 '아무 생각 없이'이다.

한 친구는 그런 말을 했다. 센스 있고 감각 있고 유머러스하고 자상하면 다 게이더라고. 요즘 트렌드세터들은 게이 친구를 하나씩 두는 게 유행이라고 한다. 참 살다 살다 별 유행이 있다

싫다가도 어느새 고개를 끄덕이게 된다. 여자들이 남자에게 바라는 그 모든 사소함과 디테일을 그들은 갖추고 있기 때문이다.

굳이 차 문을 열어주는 매너 같은 건 없어도 된다. 레스토랑에서 의자를 뒤로 빼주지 않아도 괜찮다. 기념일마다 놀라 자빠질 만한 이벤트를 하지 않아도 좋다. 비가 오는 날 짠 하고 나타나서 노란색 우산을 씌워주지 않아도 된다. 정말 비싼 뮤지컬 티켓을, 그것도 로얄석으로 끊어서 놀래켜주지 않아도 좋다. 그냥 내가 싫어하는 것, 아니 처음 연애할 때 조심했던 것만이라도 끝까지 조심해줄 수는 없을까? 방귀를 끼는 건 어쩔 수 없다 치지만 제발 손으로 총 모양을 하고 나를 향해 발사하지 말았으면 하는 건 여자들이 까다로워서 그런 것만은 아닐 것이다.

여자들은 사소한 것에 화도 나지만 사소한 것에 감동을 받는다. 그것은 유달리 사소한 일에 목숨을 걸기 때문이 아니라, 그 작은 일에도 나를 배려할 만큼 섬세한 그가 고마워서이다. 사랑은 가만히 놔둬도 시간이 지나면 무뎌지기 마련이다. 무덤덤함과 무뎌짐. 이 얼마나 여자들이 질색하는 단어인가. 하지만 그것들이 모이면 헤어짐의 이유가 된다. 여자들에게 물어보면 헤어지는 이유가 거의 다 사소한 것이다. 그것은 여자들이 사소한 것을 이해하지 못하는 쪼잔한 족속들이어서가 아니라 그만큼 작은 일도 소홀하게 넘기고 싶지 않은 여자들만의 특성 때문이다. 친구들 앞에서 나를 놀리는 그, 물론 분위기를 띄운다고 한 행동이겠지만 듣는 입장에서는 귀를 막고 소리라도 지르고 싶다. 차라리 대놓고 싸울 정도의 큰일이라면 고민도 하지 않는다. 말 그대로 싸우면 된다. 그러면 어느 한쪽이든 미안하다는 말과 함께 결론은 난다. 하지만 사소한 일에는 그것도 불가능하다. 말로 쏟아내면 너무도 사소한 문제를 갖고 트집을 잡는 여자가 돼버리기 때문이다. 그래서 차라리 입을 다물어버린다. 해결되지 않은 그 사소한 불만들은 점점 쌓이고, 그게 쌓이면 정이 떨어지고, 정이 떨어지다 보면 모든 게 다 밉게만 보인다.

사랑을 하고 오랜 시간을 함께하다 보면 서로에게 보이고 싶은 모습도, 보이고 싶지 않은 모습도 다 보여주는 건 당연하다. 하지만 '최소한 숨기려고 애썼어'라는 느낌 정도라도 준다면 멀쩡히 봤던 것도 못 본 척해줄 수 있고, 방귀 냄새가 진동하더라도 아무 냄새도 나지 않는 듯 능청을 떨어줄 수 있다.

여자들만큼 섬세하게 배려해달라는 의미가 아니다. 적어도 처음 만날 때 조심했던 것만이라도 사귀는 내내 조심해줬으면 좋겠다. 남자들은 편해지고 친근해졌기 때문에 그럴지 모르겠지만 여자들은 분명 변했다고 느낀다. 원래 그렇다고 하고 넘기기에는 이 사소한 불만들이 너무 많다.

만약 당신이 사소한 것들 때문에 그와 만나는 것이 두려워진다면 일이 생길 때마다 말하지 말고 모아서 한꺼번에 이야기하는 게 좋다. 작은 일을 계속 말하다 보면 어느새 문제는 뒷전이고 우리가 얼마나 사소한 것에 신경을 쓰는지만 남는다.

물론 이때도 기술이 필요하다. 싸우겠다는 생각으로 말을 해서는 안 된다. 이건 어디까지나 배려의 문제이므로 이 문제를 말하는 여자 역시 그를 배려해야 한다. 누구든 지적을 받으면 기분이 좋지 않다. 이런 이야기는 분위기 좋을 때 의논하듯 꺼내는 게 좋다. 종이에 죽 적어 읊은 다음 "자기가 이런 무신경한 인간이야" 하는 투로 말하는 건 최악이다. 잊지 말자. 싸우는 게 목적이 아니라 그가 좀 더 섬세하게 배려하도록 하는 것이 목적이다. 그러므로 그의 기분을 최대한 배려해서 이런 건 자기가 좀 고쳐주면 좋겠다는 식으로 말을 꺼내야 한다. 그렇게 변화된 당신에게 무척 고마워하고 감동할 것이라는 점도 분명히 말해야 한다 나한테는 이 정도 배려가 당연하기 때문에 당신은 꼭 그렇게 해야 한다는 식으로 말하는 것은 싸움에 이르는 지름길이다. 남자들의 작은 배려, 그것은 사랑을 지탱하는 가장 큰 힘이다.

남자친구가 있는데
왜 외로운 걸까?

만나기만 해도 세상을 다 가진 것 같던 행복한 시간이 지나 본격적으로 연애를 하게 되면 뜻하지 않은 복병과 만나게 된다. 그것은 내가 알지 못했던 그의 모습일 수도 있고, 두 사람의 상반된 연애 스타일일 수도 있다.

그중에서 여자들이 가장 많이 하는 고민은 처음과 다른 그 사람의 태도이다. 연애 초기에는 나만 생각해주던 그가 어느새 슬슬 자기 고집을 부리기 시작하고, 나도 사랑도 뒷전인 것 같다. '옛날에는 안 그랬잖아'로 시작하는 투정은 어느새 싸움으로 자리 잡고 그런 이야기가 나올 때마다 남자는 또 시작이냐는 표정으로 여자를 쳐다본다.

여자들은 사랑을 하면 자신의 전부를 거는 경향이 있다. 생활 자체에 사랑이 함께하기를 바란다. 하지만 남자들은 처음에는 여자와 같겠지만 시간이 지날수록 정상적인 생활로의 복귀가 여자보다는 훨씬 빠르다.

그들 앞에서 변했네 어쩌네 말해봐야 아무 소용이 없다. 그들에게는 어느새 나보다 더 중요한 회사 일이 생기고, 사랑보다 우선순위인 중요한 일이 생긴다.

반면에 여자들은 사랑하면 친구에게 소홀해진다. 아마 주변에서도 연애만 시작했다 하면 친구들에게 연락을 끊는 여자 친구를 볼 수 있을 것이다. 그녀들이 다시 친구를 찾는다면 그건 사귀는 남자와 헤어졌거나 아니면 헤어지기 일보직전이거나 둘 중 하나다. 이건 여자들이 잘못되었다기보다 여자들의 특징 중 하나이다.

간혹 사랑보다 친구를 더 소중하게 생각하는 여자들도 있지만 대부분의 여자는 남자를 만나면 동성 친구들 만나는 시간을 줄인다. 그만큼 여자들은 사랑에 대부분을 할애한다. 비록 그 사랑이 끝나면 언제 그랬냐는 듯이 다시 친구들을 찾게 될지라도 말이다. 또 그렇게 자신이 친구에게 몇 번 배신(?)을 당해도 몇 번 핀잔을 주다가 그런 친구를 다시 받아준다. 왜냐하면 그녀도 사랑을 시작하면 마찬가지로 친구들에게 조금 소홀해질 테니까.

여자와 남자의 뇌 구조에 관한 재미있는 실험을 본 적이 있다. 여러 가지 일을 제한된 시간 안에 동시에 처리하는 실험을 한 결과 여자들이 훨씬 많은 일을 처리했고 일의 완성도도 남자들보다 훨씬 높았다.

즉 여자들은 사랑에 '올인'하면서도 다른 일들을 얼마든지 잘해낼 수 있지만, 남자에게 여자들만큼 사랑에 집중할 것을 요구하면 다른 일들은 거의 처리하지 못한다는 의미다.

어쩌면 남자들이 우리처럼 사랑에 온 신경을 집중하지 않는 건 바로 이런 차이 때문인지도 모른다. 여자들과 달리 여러 가지 일을 동시에 하지 못하는 그들에게 사랑만을 강요하는 건 다 포기하란 소리나 마찬가지인 셈이다.

남자에게 너무 많은 집중도를 요구하는 것은 내가 1순위일 때만 가능하다. 그리고 그것은 연애 초창기에나 그렇다. 시간이 지나고 여자친구가 일상으로 자리 잡으면 그는 늘 해왔던 생활로 다시 복귀하려고 한다. 여자친구가 있어도 늦게까지 회사 일을 하고 친구들을 만나 술을 마시며 컴퓨터 게임을 한다. 그러나 여자들은 이런 일들을 결코 그냥 넘어가지 않는다. 나는 도대체 당신에게 어떤 존재이냐며 따진다. 그러면 남자들은 여자들을 이해하기보다는 지나치게 보챈다고 생각한다. 그래서 급기야는 이런 말을 한다.

"넌 나 아니면 아무것도 못하니?"

여자는 애인이 생기면 일도 취미생활도 모두 남자친구와 함께하기를 바란다. 하지만 남자들은 자신의 취미를 여자에게 강요하지도, 그렇다고 함께 즐기자고 하지도 않는다. 그들은 그냥 전부터 즐기던 취미를 계속 혼자 즐기려고 할 뿐이다.

여자들에게 있어 남자친구가 있는데도 느껴지는 허전함이나 외로움은 연애하면서 겪는 가장 큰 고비이다. 여자들 입장에선 왜 남자친구가 있는데도 주말 내내 그의 전화를 기다려야 하는지, 또 남자친구는 왜 나와 함께 시간을 보내지 않고 엉뚱한 곳에서 다른 일을 하는지 도무지 이해할 수 없다.

한 가지 분명한 것은 남자들이 여자들이 생각하는 것처럼 여자친구가 싫어져서 혹은 당신의 존재가 너무 익숙해져서 그런 것은 아니다. 그들은 우리를 제쳐두고 다른 일을 하는 것이 아니라 해왔던 일을 하는 것이며, 단지 달라진 것은 여자친구가 있다는 사실뿐이다

남자들도 변해야 할 부분이 분명히 있다. 여자는 온실 속의 화초와 같아서 관심과 애정을 가질 때만 꽃을 피운다. 만약 그대로 내버려두면 어느 날엔가 폭탄 같은 이별 선언을 하는 것이 여자란 동물이다.

만약 중요한 일이 회사 일 같은 거라면 어느 정도는 이해해주지만 친구들 만나고, 술 마시고, 게임할 시간은 있으면서 여자친구 만날 시간이 없다면 여자들은 자신에게 애인이 있는지 없는지 모르겠다고 생각한다. 만약 남자친구가 나에게는 무관심하면서 다른 일에만 열중한다면 이런 이야기를 솔직하게 해보길 바란다.

최소 주말에 하루 정도는 나를 위해 할애해달라든가, 아니면 긴 시간이 아니더라도 주중에 짬을 내서 한두 번은 데이트를 한다든가. 그리고 이 모든 게 불가능하다면 전화 통화라도 자주해야 한다고 말이다.

연애 초기에는 서로의 존재감만으로도 모든 게 충분하겠지만 시간이 지나면 연애도 끊임없는 노력이 필요하다. 아무 노력 없는 사랑이란 존재할 수 없다. 조금 힘들고 귀찮은 일이더라도 상대방을 위해 배려해야 한다. 남자는 여자 같지 않음을, 여자는 남자 같지 않음을 인정해야 한다. 이 모든 것을 풀 수 있는 열쇠는 서로의 노력과 대화에 있다. 상대방의 기분을 다치게 하지 않으면서도 자신이 원하는 것을 말할 수 있는 대화의 기술이야말로 사랑하는 연인을 오래 행복하게 만들어주는 유일한 방법이다.

여자들도 참고 참다가 어느 날 폭발해서 화를 내며 자신의 생각을 말하는 버릇을 고쳐야 한다. 불만이 있으면 그때그때 말하는 것이 좋다. 아무리 사소한 일이더라도 그 당시에 해결해야 한다. 그렇지 않고 모아두면 그 사소함은 결국 큰 일이 돼버린다.

헤어지는 많은 연인들을 보라. 그들은 헤어질 만한 대단한 일이 생겨서 헤어지는 것이 아니다. 헤어짐의 이유를 듣다 보면 뭐 이런 일로 다 헤어지나 싶을 정도로 사소하다. 하지만 이 사소함을 제때 해결하지 못했을 때는 더 이상 작은 일이 아닌, 헤어짐을 결심하게 할 만큼 큰일이 된다는 걸 명심하자.

제대로
사랑하기

언젠가 친구 K가 남자친구와 헤어졌다며 전화했다. 그녀와 만나서 술잔을 기울이며 이런저런 이야기를 하는데 그녀가 자꾸만 아쉽다고 하는 것이었다.

나는 그녀가 남자친구와 좀 더 오래 만나지 못한 걸 아쉬워하는 줄 알았는데 그게 아니었다. 그녀의 아쉬움은 만날 때 좀 더 많이 사랑하지 못한 것에 대한 아쉬움이었다. 단 한 번이라도 그에게 자신을 던진 적이 없었다는 그녀는 너무 많은 계산과 이기심 때문에, 그를 진정으로 사랑했지만 그 표현을 제대로 못했다고 했다.

만나는 동안 원 없이 사랑을 주고받았던 사람들은 헤어져도 크게 힘들어하지 않는다. 그렇게 노력했음에도 끝나버린 사랑은 그럴 만한 충분한 이유가 있다고 스스로 납득한다. 하지만 최선을 다해 사랑하지 않았다면, 좀 더 따뜻하게 대해줄걸 혹은 그에 대한 내 사랑을 좀 더 표현할걸 하는 일들만 떠오른다. 그리고 어느새 머릿속에서 만약 그랬더라면 헤어짐까지는 가지 않았을 결정적인 원인들이 자리 잡는다.

사랑을 계산하는 시기는 이 사람과 사귈지 말지를 고민하는, 연애를 시작하기 바로 전이어야 한다. 이미 연애를 시작했다면 그런 계산은 접어야 한다. 사랑하는 도중에 계산하기 시작하면 누구나 자기가 아깝다는 생각만 한다. 그런 상태에서는 상대방을 충분하게 사랑하지 못한다. 사랑은 천년만년 지속되는 게 아니다. 언젠가 끝난다.

그렇기 때문에 사랑할 수 있는 그 시간에 후회 없을 만큼 충분히 사랑해야 한다. 오래전에 끝났던 사랑이 아쉬워 다시 만난다고 해서 예전보다 더 사랑할 수 있는 기회 같은 건 없다. 그때의 그와 나는 이미 과거의 인물이다. 아무리 변하지 않았더라도 서로 분명 달라져 있다. 다시 사랑한다 하더라도 그것은 새로운 사랑을 하는 것이지, 과거의 사랑을 이어가는 게 아니다.

누군가가 헤어짐을 고민하고 있다면 제일 먼저 충분히 사랑했는가를 자신에게 물어보라고 말하고 싶다. 아직 그와 하고 싶은 일이 더 많다면, 그와 함께할 행복한 일들이 남아 있다면 다 해보고 헤어져도 늦지 않다.

첫사랑을 두고두고 잊지 못하는 건 단지 그게 처음이어서가 아니다. 뭘 잘 몰라서 충분히 사랑을 해보지 않았기 때문에 그 사랑이 자꾸만 생각나고 아쉬운 것이다. 생각보다 첫사랑의 기억에서 헤어나지 못하는 사람들이 많다. 그들은 어떤 사랑을 해도 첫사랑을 잊지 못한다.

〈연탄재〉라는 시가 있다. 연탄처럼 누군가에게 단 한 번이라도 그토록 뜨거운 사람이었는가 묻는 시인데, 많은 사람이 이 시를 좋아한다.

사랑을 하려면 이 연탄재처럼 진짜 제대로 사랑하라고 말하고 싶다. 이것저것 재고 계산하는 사랑이 아니라 정말 사랑에 자신을 통째로 맡겨야 한다. 머리를 굴려 사랑하면 딱 그만큼만 사랑할 수 있다. 상대방이 도저히 어떻게 하지 못할 단점을 가지고 있거나 두 사람이 사랑하는 데 있어 큰 문제가 없다면 적어도 사랑할 때는 사랑만 해야 한다.

누가 더 많이 사랑하고 더 적게 사랑하느냐가 아닌 내가 사랑하기 때문에 계산 없이 사랑을 주는 것, 그렇게 해도 사랑이 지속되지 않는다면 그때는 헤어져야 하겠지만 적어도 사랑이 끝난 다음에 후회는 없다.

만약 결혼 문제라면 사랑 이외에도 생각해야 할 것들이 많겠지만, 사랑에 있어서만큼은 사랑을 우선시했으면 좋겠다. 사랑할 시간은 분명 제한되어 있다.

세상에 영원히 지속되는 사랑은 없다. 그러므로 그 제한된 시간 안에 충분히 후회 없이 사랑하자. 그렇게 사랑하고 나서 헤어진다면 후회보다는 제대로 사랑한 기억들이 아름다운 추억으로 남을 것이다.

내 남자친구를
소개합니다

상담하다 보면 남자친구가 그의 친구들에게 자신을 소개하지 않는 것 때문에 고민하는 여자들이 간혹 있다. 여자들은 단지 소개를 시켜주지 않는 게 아니라, 내 남자친구가 뭔가 숨기는 게 있거나 혹은 자기를 친구들에게 소개시켜주기가 창피해서 그런 건 아닌지 의심한다. 하지만 결론부터 말하자면 그런 이유가 절대 아니다.

여자들은 친구들 중 누군가가 새로운 남자친구가 생겼다면 모두 내 일처럼 난리가 나고, 연애를 시작하면 친구들도 이에 적극 동참한다. 수시로 그와 그녀의 관계에 관해 카운슬링하고 또 직접 그 사람을 만나보고 판단을 내려주기도 한다.

그러나 남자들은 연애란 오직 개인적인 일이라고 생각한다. 물론 그들도 친구들에게 의논하기는 하지만 여자들만큼 내밀하고 자세한 의논을 하지 않는다. 그들에게 서로의 여자친구를 보여주거나 보는 일은 여자들만큼 자연스러운 일이 아니다. 친구들이 한번 데리고 나와보라고 말하기 전까지는 여자친구를 데리고 나가기 힘들다. 우정보다 사랑을 더 중요하게 여겨서는 안 된다고 생각하는 남자들만의 특성 때문도 있다. 그 말은 어떤 면에서는 맞다. 하지만 사랑하는 순간이라면 적어도 사랑을 친구 아래 둬서는 안 된다. 그 순간만큼은 아무리 오래된 우정이라도 사랑에게 잠시 양보를 해야 한다. 그래서 여자들이 남자가 생기면 친구들과 연락을 끊어도 다시 남자와 헤어지면 친구들을 만날 수 있는 것이다. 만약 남자들의 세계에서 그렇게 행동했다면 그는 두 번 다시 친구들의 모임에 발도 붙이지 못하게 될 확률이 크다. 이게 바로 남자와 여자의 차이이다.

혹시 남자친구가 그의 친구들에게 자신을 소개하지 않더라도 실망하지 않길 바란다. 그들은 사랑에 대해 서로 간섭하지 않는다. 사랑은 사랑이고 우정은 우정일 뿐, 연애 문제를 서로 의논하지도 않고 문제에 대한 해결책을 같이 찾아나서지도 않는다. 그저 '아직 그 여자 만나냐?' '아니 끝냈어' '그러냐?'가 전부다. 여자들 같으면 '아니 끝냈어' 대신 '헤어져야 할까봐'로

긴 이야기를 시작하겠지만 말이다.

또 어떤 남자들은 여자친구가 자신의 친구들과 같이 만나자고 하면 계속 거절하기도 한다. 그들은 여자친구의 친구들을 왜 만나야 하는지를 이해하지 못한다. 그들의 우정 세계는 그렇지 않기 때문이다.

이때 여자는 화를 내지 말고 왜 친구들에게 보여주고 싶은지 충분히 납득시킨 뒤 요구해야 한다. 그는 만나고 싶지 않아서가 아니라 만나는 게 두려운 것이다. 마치 자기 한 사람만 두고 나머지 여자들이 품평회라도 하듯 구는 게 싫을 뿐이다. 실제로 여자들은 남자들뿐인 모임에 나갈 수 있지만 남자들은 여자들만 있다면 절대 나가지 않는다. 여자들은 남자들 사이에서 여자가 자기뿐이기 때문에 집중되는 이목을 관심이라고 느끼지만 남자는 이걸 불편하게 느낀다.

남자친구의 친구들이 궁금하다면 그들의 모임에 같이 가보라. 대부분은 지루하다. 그들은 친한 친구의 여자친구에게 관심을 두는 건 일종의 배신행위라고 생각하기 때문에 거의 배려를 하지 않는다. 남자친구의 친구들을 자주 만난 여자들이 하는 말을 들어보면 하루 종일 당구치고 술 마시고 정말 지루해 죽을 뻔했다는 이야기뿐이었다. 그들은 여자들처럼 밥 먹고 차 마시며 기나긴 이야기를 하지 않는다. 마찬가지로 그들도 여자의 친구들을 만나면 불편해한다. 어떻게 그렇게 한 자리에 오래 앉아 이야기할 수 있는지 이해하지 못한다.

남자들은 자신의 친구들 모임에 여자친구를 몇 번 데리고 가보면 그녀들이 지루해한다는 것을 금방 눈치 채고, 그다음부터는 되도록 데리고 가지 않으려고 한다. 가봐야 여자친구는 지루하다고 짜증낼 것이고, 친구들은 괜한 혹을 데리고 나와서 즐거운 놀이를 방해한다고 생각할 것이 뻔하기 때문이다. 하지만 한 번쯤은 서로 다른 모습을 보여줄 필요가 있다. 남자들만의 문화를 이해하고, 그들의 모임에 나가 지루하다며 화내지 말고 재미있게 놀아보자. 남자들 역시 마찬가지이다.

기념일에 관한
조금 다른 생각

남자와 여자는 기념일에 관한 것만큼은 상반된 의견을 보인다. 좀 극단적으로 말하자면 여자들은 기념일에 목숨 걸고, 남자들은 기념일을 대수롭지 않게 생각한다. 여자들은 기념일이 시작되기 훨씬 전부터 기념일을 꿈꾸고 상상한다. 심지어 막 사귀기 시작하면 제일 먼저 하는 일이 오늘부터 만난 지 딱 백일째 되는 날이 언제인지를 계산하고 다이어리에 표시한다. 프러포즈가 중요한 것은 어쩌면 앞으로 줄줄이 찾아올 기념일들을 정확하게 계산할 수 있는 기초 자료가 되기 때문인지도 모른다.

반면 남자들은 기념일을 목숨 걸고 챙기는 여자들을 이해하지 못한다. 그들은 사귀기 시작한 날이 언제인지도 모르고(처음으로 손잡은 날인지 아니면 첫 키스한 날인지) 백일이나 이백일을 계산하지도 않는다. 이때 여자들이 "자기 우리 일주일 후면 백일인 거 알지?"라고 말하면 속으로 뜨끔하다. 자기는 알지도 못하는 기념일이 다가오고 있고 또 그 기념일을 여자가 기대하고 있다는 것은 그들에게 공포감마저 불러일으킨다.

기념일 당일에도 남녀는 많은 차이를 보인다. 여자는 기념일이니까 당연히 이벤트가 있어야 한다고 생각하고 남자는 기념일에 만났으면 그만이라고 생각한다. 여자들이 기념일을 챙기는 것은 사랑을 표현하는 일이고, 연애하는 매 순간 순간이 즐겁고 행복하기만 하지는 않을 것이므로, 그날만큼은 그 모든 난관을 헤쳐온 자신들의 지난날들을 기념하고 앞으로 더 잘해보자는 의미로 기념일을 챙기고 싶어한다. 하지만 남자들에게 기념일은 그저 숫자일 뿐이다.

남자가 이벤트에 약하다는 것은 누구나 아는 사실이다. 연예인 누구처럼 이벤트를 생활화하는 남자는 거의 없다. 그래도 여자들은 남자친구가 기념일에 근사한 이벤트를 해주길 바란다. 그러나 여기서 생각을 한번 바꿔보자. 왜 기념일에는 꼭 남자가 여자에게 뭔가를 해주어야 하는가? 기념일은 나에게 있어서도 기념일이지만 내 연애의 상대인 그에게도 기념일이다.

여자들은 기념일만 되면 자긴 가만히 앉아 있고 남자가 즐겁고 행복한 일을 그날 하루만큼은 최선을 다해 제공해주길 바라는데 그건 너무 이기적인 생각이다.

지금부터라도 기념일은 둘이 함께 준비하는 것으로 바꿔라. 아무 생각 없는 남자에게 이벤트의 중요성을 일깨우는 건 여자의 몫이다. 목마른 인간이 우물을 찾아야 한다. 하지만 우물을 파는 것은 어느 한 사람이 전적으로 준비해서는 안 된다. 우물은 같이 파야 한다. 왜냐하면 우물 물은 둘이 같이 마시기 때문이다. 이벤트라고 해서 꼭 당일에 짠 하고 나타나서 놀라게 해줄 필요도 없다. 우리는 여태까지 그런 블라인드 이벤트에 너무 길들여져 왔다. 기념일 날 꼭 놀라야만 맛인가?

'나는 생각도 못했는데 그는 이렇게 해주더라'라는 것은 친구들에게 자랑할 때나 필요할 뿐, 정작 마음속으로 바라던 것과는 거리가 먼 이벤트일 수도 있다.

앞으로는 이벤트를 같이 준비하자. 그날 함께 여행을 간다든가, 아니면 같이 파티를 한다든가.

더 이상 남자들이 근사한 식당을 예약하고 디저트에 몰래 반지를 넣어두는 식상한 이벤트를 기대하지 말자. 이벤트를 전적으로 남자만 하란 법은 없다. 같이 준비하고 같이 생각해서 만드는 이벤트야말로 그 기념일을 가장 기념일답게 보내는 길일 것이다.

생일이 아니고서야 깜짝 이벤트는 이제 그만 좀 했으면 좋겠다. 사귀면서 생기는 그 수많은 기념일마다 남자들에게 서프라이즈를 기대한다는 것은 고문에 가깝다. 그들은 우리처럼 상상력이 풍부하지도, 상대방을 감동시키는 일에 능숙하지도 않다. 그런 그들에게 계속해서 왜 그것 하나 제대로 못하냐고 해봤자 소용없다. 기념일 이벤트 하나 잘 못하는 무능한 남자라고 탓하는 것보다 같이 준비하고 같이 즐기는 기념일이 백 배는 더 행복하다.

이제부터는 기념일에 서로 같이 행복할 수 있는 이벤트를 준비하자. 그렇다면 남자는 이벤트를 혼자 준비해야 한다는 부담감에서 벗어날 수 있고, 여자는 기대했던 만큼 즐겁지 않은 이벤트에 혼자 속상해할 일도 없을 것이다. 같이 준비하고 같이 즐기는 이벤트, 그것이야말로 당신의 소중한 기념일을 가장 행복하게 보낼 수 있는 길이다.

결혼,
하기는 할 거지?

삼십대를 넘긴 미혼 여성이라면 결혼하라는 주위의 독촉에 어느 정도는 시달려봤을 것이다. 우리에게 늘 최악의 경쟁 상대로 존재하는 '엄마친구 딸'들은 무슨 재주가 있어서인지 모두 괜찮은 남자를 만나서 결혼했다. 그런데 결혼 전에는 분명 나보다 공부도 잘했고 좋은 학교를 나와 좋은 회사를 다니던 그녀들이, 이상하게도 결혼을 기점으로는 나보다 훨씬 못생기고 공부도 못했던 여자들로 돌변하냐 이거다. 이때부터 엄마의 잔소리는 180도 바뀐다. 그 잔소리는 대게 이런 것이다.

"개도 하는데 넌 뭐가 못나서 멀쩡한 남자 하나 못 물어오냐."

하긴 나보다 늘 잘났거나 혹은 못남으로 인해 나를 괴롭게 만들던 '엄마친구 딸'들은 애초부터 그 실체가 없었는지도 모른다. 그러니 엄마의 상황에 따라서 그녀들은 얼마든지 그 모습이 바뀐다.

삼십대 여자들에게 제삿날이나 명절은 정말이지 끔찍한 날이다. 평소에는 안부조차 오간 적 없던 친척어른들은 '결혼은 언제 할 거냐?'에서 '결혼, 하기는 할 거지?'로 그 말을 바꾼다. 그들은 그 말 한마디로 결혼 못한 딸이나 조카에게 1년치 걱정을 다 했다고 생각하지만 그들의 걱정은 조금도 고맙지 않다. 오히려 엄마 아빠의 불편한 심기만 더 긁을 뿐 아무짝에도 쓸모없다.

내 사촌의 경우, 워낙 일을 좋아하고 또 회사도 이름만 대면 모두 아는 대기업을 다녔기 때문에 이모님 내외는 결혼 이야기가 나올 때마다 '얘는 혼자 산다고 그러는데 나도 제 능력 있으면 그러라고 했어'라며 은근히 결혼에 맞춰진 초점을 그녀의 능력으로 돌리곤 했다. 그런데 친지의 결혼식에서 만난 이모의 얼굴은 어두웠다. 이모는 여자가 아무리 능력 있으면 뭐하냐, 좋은 남자 만나서 결혼하면 그게 부모님께 최고의 효도라고 말을 다시 바꿨다. 사실 그 사촌은 여러모로 나와 비교가 되어서 은근히 스트레스였는데 알고 보니 그녀 역시 결혼문제만큼은 나와 같았던 것이다.

결혼, 아마도 다들 해야 한다 혹은 하고 싶다고는 생각할 것이다. 하지만 결혼이 어디 나 혼자 하고, 하고 싶다고 해서 해결될 문제인가? 이제 우리는 멋모르는 십대가 아니다. 세상은 마냥 밝고 맑고 희망찬 곳이 아니라 어둡고 험난하다는 것 정도는 안다. 군대 가산점을 시작으로 곳곳에서 차별받는 여자들은 연봉에 있어서도 보직에 있어서도 똑같은 조건의 남성과는 비교도 되지 않을 정도로 열등하다. 그 속에서 얼마나 많은 눈물과 한숨을 지으며 지금 이 자리에 섰는지는 책으로 쓰자면 열 권도 모자랄 것이다. 그런 우리에게 가부장적인 면이 가장 많이 남은 가정으로의 안착은 어쩌면 퇴보를 의미하는지도 모른다. 주위의 남녀 맞벌이부부들만 봐도 그렇다. 둘 다 나가서 돈을 버는 건 똑같지만 가사나 육아는 여전히 여자들의 몫이 더 크다. 남자들이 많이 도와준다고 하지만, 사실 그 말 자체가 웃기지 않은가? 남자가 도와주다니, 이게 남의 일인가? 도와준다는 말 자체가 벌써 가사나 육아는 여자의 일임을 말하는 것이다.

요새 삼십대 여성들이 결혼하지 않는 것은 조건만 따져서 그런 건 아니다. 독신으로 사는 것이 훨씬 폼나기 때문도 아니다. 다만 결혼하는 그 순간 아내와 며느리로서의 역할만 기괴하게 강조된 채 '나'라는 인간은 어디론가 사라질까봐, 지금까지와는 또 다른 정글의 법칙이 존재하는 결혼의 룰을 익히는 동안 만

신창이가 될까봐. 그리고 내 인생의 중심에 서 있다가 어느새 그 자리를 남편과 아이에게 넘겨줘야 할까봐. 그리고 대한민국에서 가장 천대받는 집단 중 하나인 '아줌마'가 될까봐 두려운 것이다.

하지만 가지 않은 길에 대해 이렇게 걱정만 하고 앉아 있을 수는 없다. 주변에는 결혼하고도 여전히 싱글처럼 자기 일도 하고 주말에 하루쯤은 가족에게서 벗어나 자기 시간을 갖는 여성들도 많다. 가정도 일도 다 잘해내는 슈퍼우먼이 되라는 소리는 아니다. 다만 한 가지 역할이 더 주어진 상황에서 자신이 누리던 걸 그대로 누리려면 그만큼 애쓰는 수밖에는 없다는 것이다. 그녀들도 늘 고민하고, 일과 가정 그리고 자기 자신, 그어느 것 하나도 제대로 해내지 못한다는 중압감에 시달린다. 분명한 것은 어느 한쪽도 포기할 수 없는 우리 인생이라는 것이다. 포기하는 순간 그것은 영원히 사라진다. 아무도 대신 찾아주거나 살아줄 수 없다.

여태까지 걸어왔던 정글의 장애물은 참으로 많았다. 그리고 우린 용케 그 장애물들을 그럭저럭 잘 넘어왔다. 만약 이대로 계속 나간다면 언젠가는 그 장애물들이 우습게보일 정도로 고수가 될 수도 있다. 하지만 그렇게 편하게 살려고만 했다면, 어쩌면 우리에게 그 장애물을 넘는 것 자체가 무의미했을지도 모른다.

지금 결혼이라는 문제에 대해 고민하고 있다면 다른 건 다 집어치우고 우선 내가 결혼생활을 해낼 자신이 있는가부터 살펴보길 바란다. 그건 남자의 능력이나 재력보다 우선순위에 놓고 볼 문제다. 만약 결혼을 하지 않고 행복하게 살 자신이 있다면 더 이상은 친척들의 질문에 미적지근한 대답을 하지 마라. 나는 결혼하지 않고 행복하게 살겠다고 말하면 그만이다. 뒷담화야 내가 걱정할 문제가 아니다.

그렇지 않다면 신중하게 자신의 능력을 체크하길 바란다. 괜히 모든 일에 완벽하려고 슈퍼우먼 흉내를 내지 않게 말이다. 할 수 있는 것에 최선을 다해 노력하는 것, 사실 이렇게 살면 세상은 정글이 아니라 에덴동산이다. 또 아는가, 우리가 경험해보지 못한 남편이라는 존재가, 그리고 자식이, 가정이, 우리에게 어떤 새로운 기쁨을 줄지 말이다.

결혼하지 못한
죄를 사하여 주소서

얼마 전 가족모임 때 언니가 짐짓 걱정스러운 목소리로 말했다. "너 돈은 좀 모아놨지?"

혼기를 꽉 채우다 못해 이제 더 있으면 왕창 대바겐세일을 들어가도 모자랄 판국의 노처녀에게 돈을 모아놨냐는 질문은 딱 한 가지를 뜻한다. 어쩌다 괜찮은 남자를 만나서 결혼에 골인할 경우 혼수 문제로 결혼을 하네 못하네 할 상황만큼은 절대적으로 없어야 한다는, 다시 말해 이십대 후반만 하더라도 혼수문제가 불거지면 '그럼 없던 일로 하든가요!'라고 외칠 수 있지만 달걀 한 판에 몇 알이 더해지면 '어떻게든 해볼게요'가 아닌 아예 그런 상황 자체를 만들지 말아야 한다는 의미이다.

싱글들이 제일 두려워하는 건 아마도 명절일 것이다. '주위에 남자가 그렇게 없어?'로 일단 스타트를 끊는, 별로 안. 친. 한. 친척들은 '내가 하나 소개시켜줘?'라며 지키지도 못할 공수표 남발로 끝내 사람을 비참하게 만든다. 마치 내가 결혼을 안 한 것이 그들 편두통의 원인 중 8할은 기여하고, 불면증의 67.8퍼센트가 다 내가 결혼을 못한 탓이라는 듯 말한다. '아니, 언제부터 그렇게 나를 챙기셨나요?'라고 눈을 흘기고 싶지만 결혼 못한 죄인에게는 그마저도 허락되지 않는다. 일 년 내내 잊고 살다가 명절만 되면 갑자기 이 화목하고도 다정스러운 집안에 유일한 골칫거리로 전락하는 게 바로 노처녀니까.

아마 노처녀들은 잠도 안 올 것이다. 어떤 날은 대체 이 나이 먹도록 뭘했지 하면서 가부좌를 틀고 앉아 노트에 하나하나 적어보면, 어렸을 때 꿈을 이루기를 했나, 그렇다고 어금니 꽉 깨물고 한 재산 마련하길 했나, 그도 저도 아니면 근사한 남자를 만나서 이제 식만 올리면 되기를 하나, 뭐 하나 '나 이러고 사느라 바빴소이다' 하고 내세울 것이 없다.

그들이 노처녀들의 심기를 건드리는 진짜 이유는 스스로가 결혼문제에 대해 하다못해 버럭 화라도 낼 주제가 못된다는 걸 알기 때문이다. 언젠가 농담처럼 들었던 '억울하면 시집가든가'라는 말이 '진짜 그렇구나' 하고 고개를 끄덕거리는 순간이 오고 만 것이다.

간혹 지인들의 페이스북이나 인스타그램에 들어가 보면 자기애가 지나치다 못해 이쯤 되면 병적 수준인가 싶은 사진과 글들이 차고 넘친다. 어딜 갔고 뭘 먹었고 무엇을 샀으며 보고 들었는지가 모두 다 적혀 있다. 그러나 이걸 꼭 병적 자기애의 방향으로만은 볼 수가 없다. 왜냐면 그들은 '좋아요'의 숫자에 민감하기 때문이다. 즉 자기의 소소한 일상을 보여주는 것이 다가 아닌 누군가에게 공감을 얻고 싶어한다는 것이다.

어쩌면 그들은 그렇게라도 보여주고 증명하고 싶은 것이다. 서른이 넘어 결혼하지 않고도 여자에게는 이렇게나 다양하고도 즐거운, 거기다 럭셔리하기까지 한 삶이 존재한다고 말이다. 결혼한 여자들이 기저귀값과 분유값을 걱정할 때, 자신은 네일케어와 피부 관리를 받고, 휴가 때면 마치 제주도 가듯 해외여행을 갈 수 있으며, 온갖 맛집이란 맛집은 다닐 수 있다는 걸 보여준다. 거기에 몇백만 원 하는 명품가방쯤은 내 돈으로 살 형편이 된다고 보여주고 싶어 안달이 나 있다. 물론 직장생활을 아무리 뼈 빠지게 해봐야 여자들은 진급도, 연봉도 크게 오르지 않는다는 사실은 절대 누설하지 않는다. 명품을 사고 한동안은 카드 청구서를 보며 '내가 미쳤나봐'를 연신 외치면서도 말이다.

언젠가 조개구이에 소주를 시켜놓고 "이 나이에 돈을 모은 것도 아니고 그렇다고 찐하게 연애를 한 것도 아니고, 내가 생각해도 내가 너무 불쌍해"라고 하소연하던 친구에게 아무 말도 해줄 수 없었다. '그게 어디 너뿐이겠어? 나도 있잖아. 그리고 그 누구냐 연신내 사는 A도 그렇지, 이태원 사는 J도 그렇지'라며 줄줄이 읊어주지 않은 건 지금 생각해도 잘한 짓인 것 같다. 만약 그랬다면 그녀는 조개 대신 조개껍질을 주워 먹고 자살을 했을지도 모른다.

돈이 인생의 전부가 아니듯 남자 역시 인생의 전부가 아니다. 그건 아무리 팔푼이 머저리 같은 여자라도 다 아는 사실이다. 그렇지만 그런 것 없이도 잘 살려면 10년쯤은 수도를 해야 하고 7년쯤은 산 좋고 물 좋은 곳 찾아다니며 마음을 다스려야 한다. 세속에 살면서 세속적인 건 딱 질색이야 하는 것만큼 우스운 게 있겠는가? 전부는 아니지만 있으면 확실히 삶은 윤택해지고 즐거워진다.

만약 지금까지 결혼하지 못한 건 '진실한 사랑을, 진실한 남자를 찾지 못해서예요'라고 한다면 내일부터는 머리를 산발한 채 쇠창살을 쥐어뜯으며 '나는 미친 게 아니라 순수한 거예요'라고 외쳐야 할지도 모른다. 이 나이가 되면 모든 게 다 죄가 된다. 순수한 것도 순진한 것도, 그리고 톡 까진 것도 죄가 된다.

순수하면 나이 헛먹었다고, 또 톡 까졌으면 그렇게 놀아 처먹었으면서 멀쩡한 놈 하나를 못 낚았냐 하는 소리밖에 더 듣겠는가.

콧방귀를 뀌며 거들떠보지 않았던 연애지침서들, 남자를 완전 파헤치다 못해 회 떠주겠다고 우기는 책들을 곁눈질로 슬쩍이라도 보는 날에는 한없이 우울해진다. 정말 그녀들은 몰라서 못하는 걸까? 지피지기가 되고 나면 백전백승의 승전보가 울릴까? 한 가지 골 때리는 사실은 대부분의 노처녀는 아직도 결혼이 필요한 건지 아니면 이대로 평생 혼자 잘 먹고 잘살 것인지를 결정하지 못했다는 것이다. 어릴 때야 결혼을 '할 수도 있고 안 할 수도 있어요'라고 말하는 게 말이 됐지만, 지금 그랬다가는 머리에 꽃을 꽂고 널을 뛰어도 그보다도 고운 시선을 받지 못할 것이다.

누군가가 말했다.

"여자들은 생각이 너무 많아. 생각이 많으면 절대로 행복할 수 없어. 세상은 단순하게 살아야 해"라고.

그 말을 들었을 때는 '멋있어 보이려고 애쓴다, 애써' 하면서 흘려들었는데 지금 생각하니 그 말이 맞는 것 같다. 생각이 너무 많으면 그 생각을 하느라 에너지를 다 써버리고 정작 행동으로 옮길 만한 기력은 조금도 남지 않는다. 그렇다고 자신이 행동파가 되었다고 해서 인생이 확 달라졌을 거라 믿지는 않지만, 적어도 머릿속에서 혼자 북 치고 장구 치느라 진을 빼지는 않을 것이다.

같이 일하는 작가 한 명이 회식 자리에서 "우리 죄가 뭔지 아니?"라는 질문을 했다. "죄라면 우리가 죄겠냐, 우릴 몰라보는 이 세상이 죄지"라고 말했더니 그녀는 피식 웃더니 이렇게 말했다.

"우린 너무 잘난 것도, 그렇다고 못난 것도 아닌 어중간한 게 죄야. 대충 눈감고 엎어지지도 못하고, 그렇다고 눈이나 낮아? 뱀 머리보다 용 꼬리가 낫다고 누가 그랬어. 우리 같은 용꼬리들은 만날 위만 쳐다보면서 팔자 타령에 세상 탓만 하고 살 거야. 이럴 바엔 차라리 머리통이 젓통 같다는 소릴 들어도 좋으니까 그냥 단순하고 무식했으면 좋겠어."

생각이 너무 많으면 머리가 아프다. 우리의 죄는 생각이 너무 많다는 것이다. 이미 너무 많은 생각에 지칠 대로 지쳐서 뭔가를 해보기도 전에 '이건 아니야' 하고 판단을 내리게 된다. 이것저것 재기 전 아무것도 모를 때 결혼해야 한다는 이야기는 많이 들었을 것이다. 그건 멋모를 때 저지르란 이야기가 아니라, 생각이 많아지면 결혼에 있어서 그만큼 행동으로 옮기기가 힘들어진다는 말이다.

하지만 길은 있다. 그 길은 아무 생각하지 말고 그저 남자 하나 잘 물어서 알콩달콩 가정을 꾸려보라는 이야기가 아니다. 독신이면 독신대로 행복한 삶이 있을 것이고, 결혼은 또 결혼대로 행복한 삶이 있을 것이다. 다만 미리부터 너무 겁을 집어먹지는 말자. 내가 행복해져야 한다는 기준만 바로 서 있다면 아무리 많은 장애물을 넘어야 할지라도, 간혹 장애물과 같이 자빠지고 뒹굴더라도 결국은 행복할 것이다.

주변 사람들의 독촉에 떠밀리지도 말고, 그렇다고 충고를 고깝게 듣지도 말자. 결국 내 인생은 내가 선택하는 것이다. 일단 해봐야 후회도 할 수 있다. 그러니 너무 미리부터 겁먹지 말자. 우리 모두는 결국 이 한 세상 행복하게 사는 게 목적이니까.

헤어지자는 말은
헤어질 때 딱 한 번만 하자

얼마 전 후배 P가 울면서 전화했다. 남자친구가 요즘 자신에게 너무 소홀한 것 같아 좀 다투다가 홧김에 헤어지자고 말했는데 며칠 후 전화하니, 헤어졌는데 왜 전화하냐고 하더라는 것이다. 그녀는 이제 그가 충분히 반성했을 것이라 기대하고 전화했는데, 그동안 그는 반성한 게 아니라 둘 사이를 정리했던 것이다.

남자든 여자든 '헤어지자'는 말을 남발하는 것은 어떤 상황에서도 좋은 해결법이 되지 못한다. 더구나 여자들은 헤어지자는 말을 진심으로 하는 게 아닌 '나 지금 너무 불만이 많아서 이대로 가다가는 너와 헤어질지도 몰라'라는 의미로 한다. 하지만 남자는 헤어지자는 말을 말 그대로 헤어지자는 뜻으로 받아들인다.

만약 남자친구와 문제가 있으면 그걸 솔직하게 말해라. 남자들은 에둘러 표현하거나 속뜻을 숨기고 다른 말로 하면 알아듣지 못한다. 그들은 우리가 내뱉는 말들이 암호 같다고 말한다. 그들은 암호학자도 아니고, 그 암호를 해석할 수도 없다. 그저 뜻 모를 말이라고만 생각한다.

헤어지자는 말은 그렇게 다른 뜻을 숨기고 해도 될 만큼 가벼운 말이 아니다. 사귀자는 말보다 더 신중해야 할 말이다. 만약 헤어지자는 말을 이미 내뱉은 상황이고 그걸 후회하고 있다면 하루빨리 그 말을 철회해야 한다. 헤어짐을 후회하는 것은 헤어질 당시에도 어느 정도는 안다. 좀 쪽팔린다는 생각에 '그냥 밀고 나갔다가 적당할 때 전화해서 돌리지 뭐' 하고 생각해서는 안 된다. 당신이 그러는 동안 남자는 헤어지자는 말에 가슴 아파하다가 곧바로 헤어짐을 기정사실로 받아들이고, 나중에 돌리려고 애쓰는 당신을 보면서 잘 헤어졌다고 안도한다.

남자들이 여자들에게 가진 큰 불만 중의 하나는 헤어지자고 해놓고 왜 한참 지나서 다시 만나자고 말하는지 모르겠다는 것이다. 헤어지자는 말을 듣고 이미 정리를 시작한 남자에게는 이 며칠이라는 시간은 이미 둘의 관계가 종료되고도 한참 지난

후가 되어버린다.

　사랑에 있어서만큼은 직설화법을 쓰도록 하자. 헤어지자는 말에 다른 뜻을 담아서는 안 된다. 그 말은 말 그대로 정말로 헤어지고 싶을 때 해야 한다. 남자들이 여자들의 Yes와 No를 혼동하는 것은 여자들의 이런 애매한 태도 때문이다. 마음에 들지 않은 부분이 있다면 헤어지자는 말로 으름장을 놓아서 정신을 차리게 할 것이 아니라 그 부분에 대해 서로 솔직하게 대화로 풀어야 한다. 늘 헤어지자고 말하다가는 정말로 그에게 어느 날 느닷없이 헤어지자는 통보를 받을 수도 있다. 자신이 남발할 때는 아무렇지 않던 그 말들이 그에게는 상처가 된다. 그리고 그 상처들이 나중에는 헤어짐을 결정하는 이유가 될 수도 있다.

　남자는 습관처럼 늘 헤어지자고 말하는 여자에게 그 어떤 신뢰감도 느끼지 못한다. 여자는 진짜 헤어지려고 한 말이 아니었더라도 상대방은 그 말을 듣는 순간 헤어짐을 준비할 것이다. 만약 어찌하여 되돌렸다 하더라도 그 말은 사라지는 게 아니다. 헤어지자는 말을 내뱉기 전에 정말로 헤어질 것인지 아니면 헤어질 준비가 되었는지를 진지하게 생각해보자. 그리고 헤어지자는 말은 연애할 때 딱 한 번만 하자. 그때가 정말로 두 사람의 연애를 끝내는 때임은 두말하면 잔소리이다.

헤어짐에 대한
성숙하지 못한
행동

한때나마 사랑했던 사람과 헤어졌다면 그 헤어짐에도 충분한 예의를 갖추어야 한다. 어떤 이들은 사람을 잊는 데는 사람이 최고라며 그전의 사랑에 대해 미처 마음의 정리가 끝나지 않은 상황인데도 소개팅이나 미팅으로 새로운 사람을 만나려고 한다. 하지만 정말 잘 생각해보고 만나야 한다. 표면적으로는 이미 헤어졌지만 알다시피 사람의 마음이 그렇게 금방 정리가 되는 건 아니다. 새로운 사람을 만나려는 목적 자체가 이전의 사람을 잊는 것에 있다면 그건 더더욱 큰 문제이다.

사람들은 어떻게 해서건 헤어짐 이후의 아픈 마음을 추스르기 위해 오직 빨리 잊어버리는 것에만 초점을 맞춘다. 하지만 헤어지고 나서 정말 많이 마음이 아프다면 그건 그만큼 그 사랑에 충실했다는 증거이다. 사랑에도 일정한 애도 기간이 필요하다. 무리하게 그 사랑을 잊을 수 있는 방법들을 동원하면 오히려 부작용만 생길 뿐이다. 헤어졌다면 일단은 그 헤어짐을 인정하고 슬퍼할 시간을 충분히 가져야 한다. 그런 시간을 갖고 나면 어느 순간 더 이상은 그 사람을 떠올려도 힘들지 않은 순간이 올 것이다. 그때 비로소 새로운 사랑을 찾아나설 만반의 준비가 된다. 헤어진 남자친구에게 복수라도 한답시고 빨리 근사한 남자를 만나 그의 앞에 나타나겠다는 생각은 너무 유치한 발상이다.

또 한 가지 주의할 것은 쓸데없는 미련을 남겨서는 안 된다. 이것은 지나간 사랑을 슬퍼하는 것과는 분명 다른 문제이다. 이미 헤어졌는데도 인정하지 못하고 내가 어떤 행동을 하면 다시 결과를 바꿀 수 있을 것이라고 생각하는 여자들이 많다. 자신의 이별을 냉정하게 바라보면 다시 돌릴 수 있을지, 그렇지 않을지 정도는 충분하게 판단할 수 있다. 언젠가는 그 사람이 내 진심을 알아줄 거라 믿고 하염없이 기다리는 건 가장 최악의 결과를 낳는다.

또 하나, 헤어졌다고 해서 상대방을 막 대하면 안 된다. 가만 생각해보니 내가 줬던 선물들이 아까워서 그 선물을 돌려달라고 하거나, 아는 사람들에게 그의 흉을 보는 것은 참 치사해 보인다. 더 이상 사랑하지 않는다고 해서 곧바로 미움이나 증오의 대상으로 돌리는 것도 역시 헤어짐에 대한 성숙하지 못한 행동이다. 오히려 나와 헤어졌지만 그래도 그 사람이 하는 일이 잘되길. 또 좋은 사람 만나서 행복한 연애를 하기를 바라자. 물론 이런 마음을 가지기 힘들 정도로 상대방이 잘못해 헤어졌을 때는 예외겠지만 말이다.

헤어지면 가장 많이 생각해야 할 문제가 바로 그 사람과 깊이 사랑했었다는 사실이다. 같이 만나서 사랑할 때는 죽고 못살던 사이였으면서 단지 헤어졌다는 이유로 그 사람을 저주하고 미워하는 것만큼 어리석은 일은 없다.

이별 후에도 뒷모습이 아름다우려면 분명 노력이 필요하다. 이것은 사랑할 때와 마찬가지로 신중해야 하고 또 자신만큼이나 상대방을 배려할 때만 가능하다. 단지 사랑이 끝났다고 해서 그 사람을 내 인생에서 지워야 할 기억이나 영원히 아웃시켜야 할 대상으로 생각하지 말자. 이건 이미 헤어진 사랑뿐 아니라 다가올 사랑에 절대 좋은 영향을 끼치지 못한다. 사랑이 끝났다고 해서 세상이 끝난 건 아니다. 단지 한 번의 사랑이 끝났을 뿐이다. 그리고 기억하자. 우리는 죽을 때까지 누군가를 사랑하며 살 사람들이다.

Q&A

Q 저는 올해 스물아홉 살이 된 여성입니다. 약 6개월 전 동호회에서 만난 남자가 있는데 그 남자와 좋은 느낌을 가지고 데이트를 하게 되었습니다. 사귀자는 말이나 서로 애인 사이라는 말은 없었지만 지난 6개월 간의 데이트를 돌이켜 보면 연인 사이처럼 느껴집니다. 얼마 전에는 가벼운 스킨십도 있었습니다.

그런데 그는 한 번도 사랑한다는 말을 한 적이 없습니다. 늘 만나서 데이트는 하지만 시간이 지날수록 우리 사이는 아무것도 아닌 게 아닐까 하는 생각을 지울 수가 없습니다. 그 남자의 마음을 모르겠습니다. 계속 이런 식의 데이트를 해도 좋은지, 아니 무엇보다 제가 생각하는 만큼 그도 저를 진지하게 생각하는지를 모르겠습니다.

이제 나이도 있기 때문에 진지하게 만나고 싶습니다. 만약 이 남자가 그저 심심풀이 삼아 가볍게 데이트를 지속하는 것이라면 저는 그냥 끝내는 게 좋다고 생각합니다. 그가 어떤 마음인지 궁금합니다.

_학동에서 H양

A 우선 두 분의 데이트가 6개월이나 지속되었다는 사실에 주목할 필요가 있습니다. 만약 심심풀이라면 그렇게 반 년 동안 만나기는 힘들지 않았을까요? 분명 서로에게 좋은 느낌을 갖고 만났다는 것이 확실합니다.

다만 지금 고민하시는 건 뭔가 말로 확실하게 오고 간 것이 없기 때문인데요, 그렇다면 어떤 계기가 필요합니다. 이럴 때는 직설적으로 묻는 것보다 기념일 등을 이용하는 게 좋을 것 같습니다. 6개월 정도 되셨다면 이미 100일은 지났을 것이고 다가오는 200일을 기념해 뭔가 연인들 사이에 가능할 만한 선물이나 이벤트를 준비해보세요. 예를 들자면 커플링 같은 경우는 반지 치수를 알아야 하기 때문에 한쪽에서 일방적으로 준비하기는 좀 어렵습니다. 이럴 때 커플링을 하자는 제안을 하신 다음 남자 쪽의 태도를 보시기 바랍니다. 만약 커플링을 하는 것에 별다른 반대가 없다면 그는 비록 말은 하지 않았지만 H양과 연인 사이라고 생각하고 있는 것입니다.

요즘 연애하는 남녀들을 보면 거의 번갯불에 콩을 구워먹는다고 할 정도로 연애 진도가 빠른데요. 그에 비해 H양의 연애는 약간 느리게 가고 있는 것 같습니다. 현재까지는 그럭저럭 괜찮은 편이지만 너무 오랫동안 의미 없는 데이트를 하면서 서로 시간을 끄는 것도 좋지 않습니다. 가벼운 스킨십도 있었고 만난 지 6개월 정도 되었다면 진지한 사이로 발전하는 데 충분한 바탕이 마련되었다고 봅니다.

솔직하고 발랄한
연애의 모든 것

2008년경 저는 한 통의 전화를 받았습니다. "애플북스 출판사의 윤수진 에디터입니다"라고 자신을 소개한 그녀는 제게 사랑과 연애에 대한 책을 내보지 않겠냐는 제의를 했습니다. 그렇게 이 책 《연애, 오프 더 레코드》는 탄생했습니다. 지금 생각해도 정말 억세게 운이 좋았던 순간이었습니다. 왜냐하면 저는 작가와는 무관한 삶을 살고 있었던 평범한 직장 여성이었기 때문입니다.

이 책 이후로 정말이지 제 삶은 많은 것이 변했습니다. 분에 넘치는 사랑도 받았으며 보통의 사람이라면 오지 않았을 여러 기회들이 제 인생을 스쳐 지나갔습니다. 그리고 행운인지 불행인지는 모르겠지만 꽤 많은 직업을 오갔던 지난날과 달리 저는 여전히 글을 쓰며 살아가고 있습니다.

오래전 이 책이 제게 갖는 의미는 비단 첫 책, 그리고 작가라는 타이틀만은 아닙니다. 그 이후 연애에 대해 꽤 많은 이야기를 했지만 제 연애와 사랑에 대해 이 책만큼 솔직했던 적은 없던 것 같습니다. 물론 지금 읽어보면 부끄럽다 못해 얼굴이 화끈해지는 대목도 있습니다. 만약 지금 이러한 콘셉트로 다시 책을 쓰라 하면 조금 다른 이야기를 하게 될지도 모르겠습니다. 그만큼 이 책은 그때 제가 느꼈던 그리고 살면서 겪고 생각했던 것들이 고스란히 담겨 있습니다.

이 책이 다시 새로운 표지를 입고 개정판 형태로 출간하게 된다는 이야기를 들었을 때 가장 먼저 든 생각은 부끄럽다였습니다. 그렇습니다. 첫 책이었던 만큼 의욕만 앞설 뿐 글쓰기에 대한 스킬은 한참이나 모자라던 시절의 글들입니다. 그래서 아예 확 뜯어 고칠까 하는 생각을 했던 것도 사실입니다. 그러나 지금, 얼마간의 나이가 들고 또 이런저런 상황으로 인해 많은 것이 바뀐 내가 쓰는 글과 이 글 중에 무엇이 더 낫고 못하고를 떠나서 비교가 불가능하다는 생각이 들었습니다. 비록 조금 날 것이라 하더라도 그때 이 책을 썼을 당시의 저는 매우 솔직했으므로 최대한 그때 제가 썼던 그대로 두는 것이 더 낫겠다는 결론을 내렸습니다. 그래서 이 부끄러운 책에 새옷을 입혀 또한 번 세상에 내어놓습니다.

이 책으로 인해 제가 누렸던 모든 것들을 생각하면 참으로 고마운 사람들이 많습니다. 그러나 그 중에서도 가장 고마운 사람은 아마 제 글을 읽어준 당신이 아닐까 합니다. 당신이 없다면 글 쓰는 저도 없었을 테니까요. 언제나 그렇지만 책의 해석과 평가는 온전히 독자의 몫이라 생각합니다. 그리고 그 평이 좋지 않다면 그건 순전히 쓴 자인 저의 자질 부족이겠지요. 다만 어디 가서 큰 칭찬은 못 받는다 하더라도 그저 욕이나 먹지 않았으면 하는 것이 저의 솔직한 심정입니다.

끝으로 책을 위해 애써주신 애플북스 관계자 여러분, 특히 애정을 가지고 늘 지켜봐주신 박월 에디터님께 감사드리며 이만 줄일까 합니다. 모두들 진심으로 고맙습니다.

박진진

그 남자를 만나기 전에 알았다면 좋았을 것들

연애, 오프 더 **레코드**

초판 1쇄 발행 2008년 6월 20일
개정판 1쇄 발행 2017년 2월 28일

지은이 박진진
펴낸이 이범상
펴낸곳 (주)비전비엔피 · 애플북스

기획 편집 이경원 박월 김승희 김다혜 강찬양 배윤주
디자인 김혜림 이광훈 이미숙 김희연
마케팅 한상철 이준건
전자책 김성화 김희정
관리 이성호 이다정

주소 우) 04034 서울시 마포구 잔다리로7길 12 (서교동)
전화 02)338-2411 | **팩스** 02)338-2413
홈페이지 www.visionbp.co.kr
이메일 visioncorea@naver.com
원고투고 editor@visionbp.co.kr

등록번호 제313-2007-000012호

ISBN 979-11-86639-48-1 13190

· 값은 뒤표지에 있습니다.
· 잘못된 책은 구입하신 서점에서 바꿔드립니다.

이 도서의 국립중앙도서관 출판예정도서목록(CIP)은 서지정보유통지원시스템 홈페이지(http://seoji.nl.go.kr)와 국가자료공동목록시스템(http://www.nl.go.kr/kolisnet)에서 이용하실 수 있습니다. (CIP제어번호 : CIP2017001128)